THEORY & IDEA
プロが教える
セオリー＆アイデア

ナチュラルヴィンテージで作る

センスのいらないインテリア

インテリアブランド
Re:CENO

SE
SHOEISHA

プロが教える
セオリー＆アイデア

暮らしを豊かに彩る、さまざまなモノやコト。
SNSなどで見かけたもの、ふとお店で見て気に入ったものを
手軽に取り入れるのもよいですが、
基本やノウハウを知っていると、もっと生活が楽しくなります。

がんばりすぎず、気取りすぎず、
でも毎日を素敵に、心地よく暮らしたい。
そんな人に向けた本が「プロが教えるセオリー&アイデア」シリーズです。

そのジャンルのプロが経験から培ったセオリーと
暮らしの中できちんと実践するためのアイデアを
美しい写真とわかりやすい解説で、惜しみなくご紹介します。

「自分らしく、落ち着けるお部屋にしたいけど、うまくいかない…」

そんな人でも本書を読めば大丈夫。

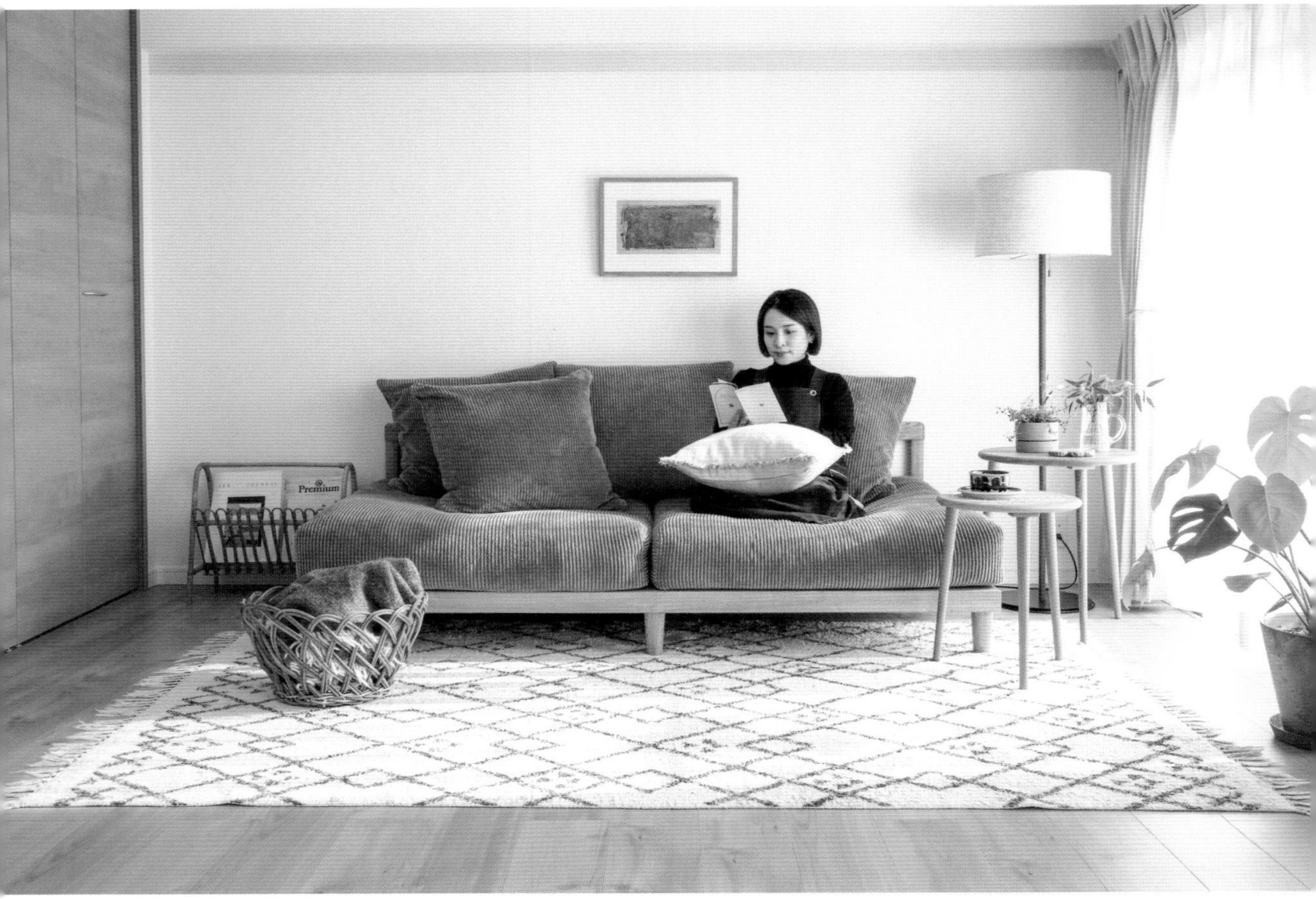

一人暮らしのワンルームでも
ありふれた賃貸マンションでも
素敵に生まれ変わります。

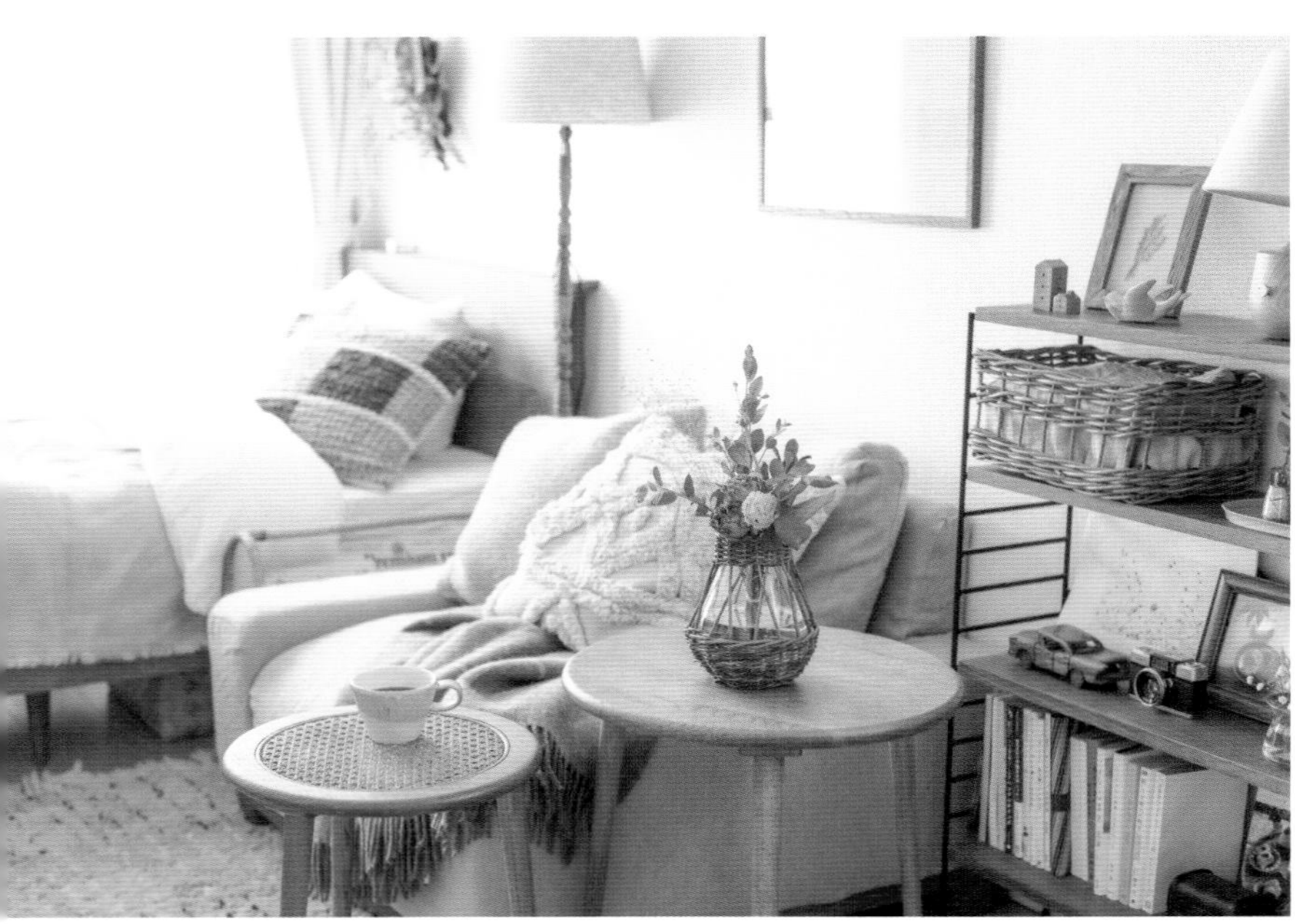

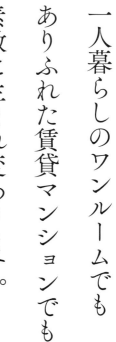

そんなお部屋作りのセオリーを
インテリアのプロが
わかりやすく紐解きます。

「ナチュラルヴィンテージ」
スタイルを取り入れて
あなたらしいお部屋作りを
はじめましょう。

もくじ

03 家具選びのセオリー

04 装飾のセオリー

この本の使い方

この本では、素敵なインテリアを実現するためのノウハウやコツを、セオリーとアイデアに分けて紹介しています。

PART01では、本書が目指す「ナチュラルヴィンテージ・スタイル」の概要と、実際にお部屋を整える流れをまとめました。PART02〜04では、空間作り、家具選び、装飾と、お部屋作りの流れに添って、おさえておきたいポイントをセオリーとして解説しています。後のPART05では、セオリーを実際に取り入れているお部屋の実例をご紹介しています。

アイデアパート

PART 05

最後に、各セオリーを踏まえたお部屋の実践アイデアをご紹介しています。ワンルームやファミリータイプ、テイストの違いなど、自分のイメージにあったお部屋作りの参考にしてみてください。

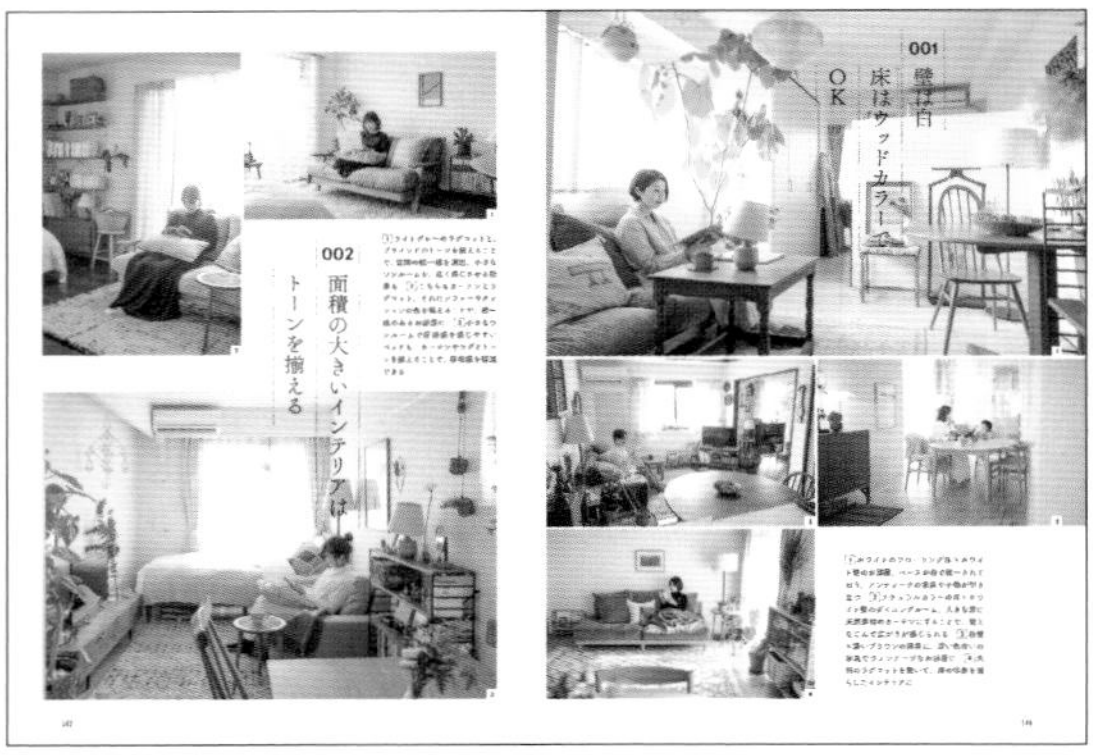

セオリーパート

PART 02 - 04

PART02 ではまず、壁や床、カーテン、照明計画など、お部屋のベースとなる空間作りについて解説。次の PART03 では、家具選びのセオリーを。おさえておきたいインテリアの知識もしっかり解説しています。PART04 では、お部屋に見どころや自分らしさを出すための装飾についてまとめました。

動画で確認しましょう

本書には、掲載内容を解説した動画の QR コードを掲載しています。より詳しく知りたいセオリーやコラムがあったら、ぜひスマートフォンから動画解説もあわせて確認してみてください。

本書内容に関するお問い合わせについて

このたびは翔泳社の書籍をお買い上げいただき、誠にありがとうございます。弊社では、読者の皆様からのお問い合わせに適切に対応させていただくため、以下のガイドラインへのご協力をお願い致しております。下記項目をお読みいただき、手順に従ってお問い合わせください。

●ご質問される前に

弊社Webサイトの「正誤表」をご参照ください。これまでに判明した正誤や追加情報を掲載しています。

正誤表　https://www.shoeisha.co.jp/book/errata/

●ご質問方法

弊社Webサイトの「刊行物Q&A」をご利用ください。

刊行物Q&A　https://www.shoeisha.co.jp/book/qa/

インターネットをご利用でない場合は、FAXまたは郵便にて、下記"翔泳社 愛読者サービスセンター"までお問い合わせください。
電話でのご質問は、お受けしておりません。

●回答について

回答は、ご質問いただいた手段によってご返事申し上げます。ご質問の内容によっては、回答に数日ないしはそれ以上の期間を要する場合があります。

●ご質問に際してのご注意

本書の対象を越えるもの、記述個所を特定されないもの、また読者固有の環境に起因するご質問等にはお答えできませんので、予めご了承ください。

●郵便物送付先およびFAX番号

送付先住所　〒160-0006　東京都新宿区舟町5
FAX番号　03-5362-3818
宛先　（株）翔泳社 愛読者サービスセンター

※本書に記載された情報は、2023年1月時点のものです。情報、URL、商品価格等は予告なく変更される場合があります。
※本書の出版にあたっては正確な記述につとめましたが、著者や出版社などのいずれも、本書の内容に対してなんらかの保証をするものではなく、内容やサンプルに基づくいかなる運用結果に関してもいっさいの責任を負いません。
※本書に記載されている会社名、製品名はそれぞれ各社の商標および登録商標です。

PART

01

ナチュラルヴィンテージで作るセンスのいらないインテリア

ここではまず、本書が目指すナチュラルヴィンテージという
スタイルについて解説します。

どのようなテイストで、何を大切にしているのか。

どんな手順でお部屋を実際に整えていくのかという流れも
合わせて解説いたします。

インテリア初心者でも作れる
ナチュラルヴィンテージ・スタイル

動画で解説！

この本がおすすめするのは、「ナチュラルヴィンテージ・スタイル」のインテリアです。「ナチュラルヴィンテージ」という言葉は、私たちリセノの造語です。これは「シンプルでナチュラルな内装に、トーンを抑えた統一感のある家具を配し、ヴィンテージ感のあるアクセントアイテムをミックスすることで、落ち着いた印象に作り上げる」というスタイルです。

ナチュラル・スタイルは、「木や革、麻などの自然素材を活かし、色味よりも質感を重視するスタイル」と定義できます。ここに「長年使っているような、味わいのある」ヴィンテージの要素をプラスすることで、よりこなれた雰囲気の、素敵なインテリアに仕上がります。

インテリア初心者でも、本当に素敵なインテリアが作れるの？と、不安になるかもしれません。しかし心配ありません。ナチュラルヴィンテージ・スタイルのお部屋を作るために必要なのは、「センス」ではなく、「セオリー」と「ノウハウ」です。お部屋をコーディネートする方程式を学んで、落ち着きがあり、居心地の良い空間作りをしましょう。

本書が目指す、素敵なお部屋とは?

ナチュラルヴィンテージ・スタイルは、お部屋の内装はシンプルにして、全体のトーンや色味、アクセントアイテムでインテリアを仕上げます。賃貸のワンルームマンションから家族で住む分譲マンションや一軒家まで、どんな住宅であっても同じスタイリングテクニックが応用でき、美しいインテリアに仕上げることができます。ベースとなる空間は、海外のインテリア雑誌や写真集に出てくるような、豪華な注文住宅でなくても良いのです。

とはいえ、実際にソファーやテーブルなどの家具を購入しようとすると、どのように選んだら良いのか、わからないことだらけ。「この家具がおしゃれ!」と思って購入したものの、お部屋全体の調和が取れず、チグハグなインテリアになったり、逆に何の飾り気もなく寂しげなお部屋になったり。そんな経験をした人は多いのではないでしょうか。

ナチュラルヴィンテージ・スタイルのインテリアには、お部屋を素敵にするための基本的なセオリーがあります。そのセオリーに則れば、インテリア初心者に起こりがちな問題を簡単に解決することができます。「自分はセンスがないから無理」と諦める必要はありません。お部屋をコーディネートする方程式さえ覚えれば、だれでも素敵な空間を作ることができるのです。

ナチュラルヴィンテージ・スタイルの最大の特徴は、ベーシックであること。ベースとなる空間の壁は白、床はフローリングと、至ってシンプルです。家具もトレンドに左右されることなく、飽きずに長く愛用できるのも特徴。ほっとひと息つける落ち着いた雰囲気があり、大人も子どもも、居心地の良さを感じるくつろぎ空間と言えるでしょう。内装に大金をかける必要がないため、家を一から建てる場合や、リノベーションを行う場合でも、内装費は思いのほか安く上がるはず。上質でありながら、お財布に優しいところも、ナチュラルヴィンテージ・スタイルの大きな利点です。

家具は落ち着いた色とトーンで揃え、使用する色は3色までに絞ります。もしトレンドを取り入れるなら、メインの家具以外の「アクセントアイテム」で取り入れることが可能。移り変わるトレンドを容易に取り入れることができるのも、土台となるインテリアがベーシックだからこそ、と言えます。

ナチュラルヴィンテージ・スタイルとは

温かみ

ウッドや小物など、温かみを感じるアイテムを選ぶことで、ぬくもりのあるお部屋に。

長く愛せる

木製品や真鍮、レザー、趣あるヴィンテージアイテムなどを取り入れ、経年変化を楽しむ。

上質

安価な工業製品ではなく、自然素材で作られた家具やアイテムで上質な空間に仕上げる。

リラックス

カフェや上質なホテルを彷彿させる、優しくやわらかな灯りでリラックス感を演出。

落ち着き

白や茶をベースにした色使いとトーンの統一によって、落ち着きのある空間作りが可能。

飽きない

空間も家具もトレンドに左右されないベーシックなものを使用。飽きずに長い年月愛用可能。

〈インテリアを整える流れ〉

①シンプルな空間を用意する

お部屋のベースである内装は
シンプル&ナチュラルに

空間作りのベースとなるのは、壁と床。お部屋作りを始めるにあたって、まずはこの2つを軸に空間を整えていくことになります。

とはいえ、ナチュラルヴィンテージ・スタイルの場合、壁も床も、ごくシンプルで構いません。壁色は、家具や小物の素材感を引き立てる白。床は、ナチュラル、ミドルブラウン、ダークブラウンなど一般的なフローリングの色で構いません。もし1から家を建てるなら、合わせたい家具と同系色の床材や建具を選択しておくと色味がフィットしやすいです。でも、賃貸やすでに完成した住宅の場合は、好みの色の床や建具でなくても心配ありません。床色や建具が何色であっても、インテリアのテクニックによって影響を和らげることができます。詳しくは本書2章を御覧ください。

動画で解説！

②ベースとなる家具とインテリアを選ぶ

トーンと色を合わせた統一感のある家具とインテリアを選ぶ

ナチュラルでシンプルな空間が出来上がったら、次は家具と、ラグやカーテンなど面積の大きなインテリアを選びます。白い壁とフローリングの床で仕上げた空間は、真っさらなキャンバスのようなもの。この空間に、ナチュラルヴィンテージ・スタイルの世界観にぴったりな、トーンを抑えた統一感のある家具を配し、落ち着きのある空間を作り上げていきましょう。

ナチュラルヴィンテージ・スタイルのインテリアの特徴は、「ナチュラルで落ち着いた雰囲気」であること。家具の素材としては木製がおすすめです。また使用する基本色は、木や土、植物など、自然のものをイメージしたアースカラーと、無彩色の2つと覚えましょう。これらの色は地味なので、ひとつひとつの家具で、華やかさを演出することは不向き。しかし、すべての家具とインテリアを同一トーンで揃えていくことで、落ち着いた空間を作れるのです。

動画で解説！

動画で解説！

③アクセントアイテムで趣きを加える

**ベースが整ったお部屋に
アクセントアイテムで彩りを**

シンプルでナチュラルな空間に、トーンを抑え、統一感のある家具類を加えたら、お部屋作りはいよいよ最終段階です。

素材や質感を揃えただけでは、やや単調で個性と面白みに欠ける空間になりがちですが、見どころを追加することでイメージはアップし、さらに居心地の良いお部屋にすることが可能になります。

ナチュラルヴィンテージ・スタイルのインテリアでは、色でアクセントを加えることはせず、「アクセントアイテム」をプラスすることで見どころを作るのが大きな特徴です。アクセントアイテムとは、お部屋のアクセントとなる雑貨や小物などのこと。この本では、古びた趣のあるヴィンテージものや、時間とともに表情が変化するもの、織ったものや編んだもの、自然素材のもの、人の手作業の跡が感じられるものをご紹介。それぞれの特色や取り入れ方について解説していきます。

アクセントアイテムで自分らしさをお部屋に与えていきましょう。

動画で解説！

センス不要で自分らしい、
くつろぎのお部屋が完成します。

それでは次の章から実際のセオリーを
紐解いていきましょう。

・空間の整え方→**PART02**へ
・家具の揃え方→**PART03**へ
・小物での装飾→**PART04**へ
・セオリーを使った
　お部屋の実例→**PART05**へ

PART

02

空間作りのセオリー

ここからは実際のセオリーを紐解いていきます。

まずはお部屋の土台となる壁や床、
大きな面積をしめるカーテンやラグマットについてのセオリーです。

また、空間作りを大きく左右する照明計画についても
詳しく解説していきます。

壁は白 床はウッドカラーでOK

動画で解説！

ナチュラルヴィンテージの土台作りは「白い壁」と「シンプルな床」でOK

「壁」と「床」は、内装のベースとなる大切な要素。ナチュラルヴィンテージ・スタイルの空間を作るには、壁や床などの内装は、「シンプルであること」を推奨しています。おしゃれな内装を作るには、「雑誌に出てくるような素敵な物件でなくてはいけないのでは？」と考えがち。でも、ナチュラルヴィンテージ・スタイルでは、特別おしゃれな壁は必要ありません。賃貸物件でポピュラーな白いクロスの壁で、十分素敵なインテリアを実現できるのです。

床についても同様で、上質な天然木はもちろん魅力的ですが、今のお住まいに使われている床材で十分。ウッドカラーには「ナチュラル」、「ミドルブラウン」、「ダークブラウン」と、明るさや色味に種類があります。それぞれ得意とするテイストや合わせやすい家具色があるので、一度自分のお部屋の床色を意識してみるといいですね。

白壁とシンプルな床さえあれば、どんな間取りの空間でも、自分らしく、落ち着ける空間に仕上げることができますよ。

Premium

置きたい家具と床色の関係

賃貸など理想でない床色でも理想の空間作りをあきらめなくてOK

お部屋という空間では、床の占める面積が広いため、インテリアに与える影響も大きいもの。お部屋の内装を1から作るのであれば、床は設置する家具に近い色を選ぶのが理想です。

しかし賃貸物件の場合は、必ずしも好みに合う床色に巡りあえるとは限りません。爽やかなナチュラルテイストが好きなのに、床色がどっしり落ち着いたダークブラウンだったということも。だからといって、引っ越しをするたびに、床色に合わせた家具を購入する必要はありません。家具の置き方を工夫したり、ラグマットを敷いたりすることで、床色の影響を薄めることは可能です。コーディネートのテクニックを知れば、どんな床色でも悩む必要はなくなります。

明るい床

ナチュラルで明るい床色のお部屋は、爽やかな印象を与えます。また、お部屋を広く見せてくれる効果も。家具の色もナチュラルカラーで合わせた場合は、圧迫感のない軽やかな印象に。ナチュラル系や北欧テイストでよく使われます。

暗めの床

深みのあるブラウンの床色のお部屋は、落ち着いた印象に。家具もミドルブラウンで合わせればより重厚に。ヴィンテージ感の強いテイストでよく使われます。反対に明るめの家具を配して、コントラストを楽しむのも良いですね。

家具やラグマットでカバーすれば床色はさほど気にならない

お部屋において床色の印象が強いのは、単純に占めている面積が大きいから。そのお部屋に必要な家具を置いて床色の見える部分を減らすことで、床色の印象は薄くなります。またラグマットで大きな床面をカバーすれば、さらに効果的です。

動画で解説！

プロの一言メモ

リノベーションや新築などのきっかけがあれば、壁の一面だけに色を使ったり、ウッドを張ったりしてアクセントをつけるのもおすすめ。賃貸物件の場合は、剥がせるタイプの壁紙を使えば、壁に傷や跡がつかず便利です。

また、壁と床だけでもナチュラルさは演出できますが、さらに完成度を高めるには、ドアや柱など建具の色にも着目。床と同様に、家具と建具の色を合わせればコントラストが抑えられ、アイテムの素材感を引き立てることができます。

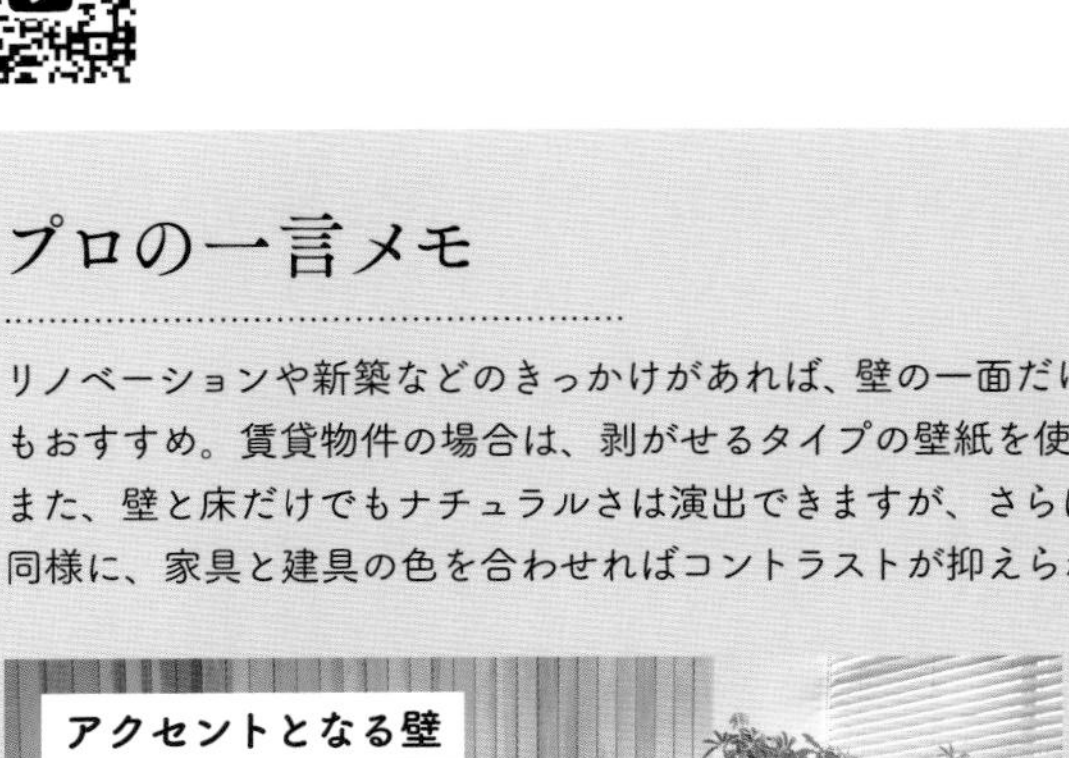

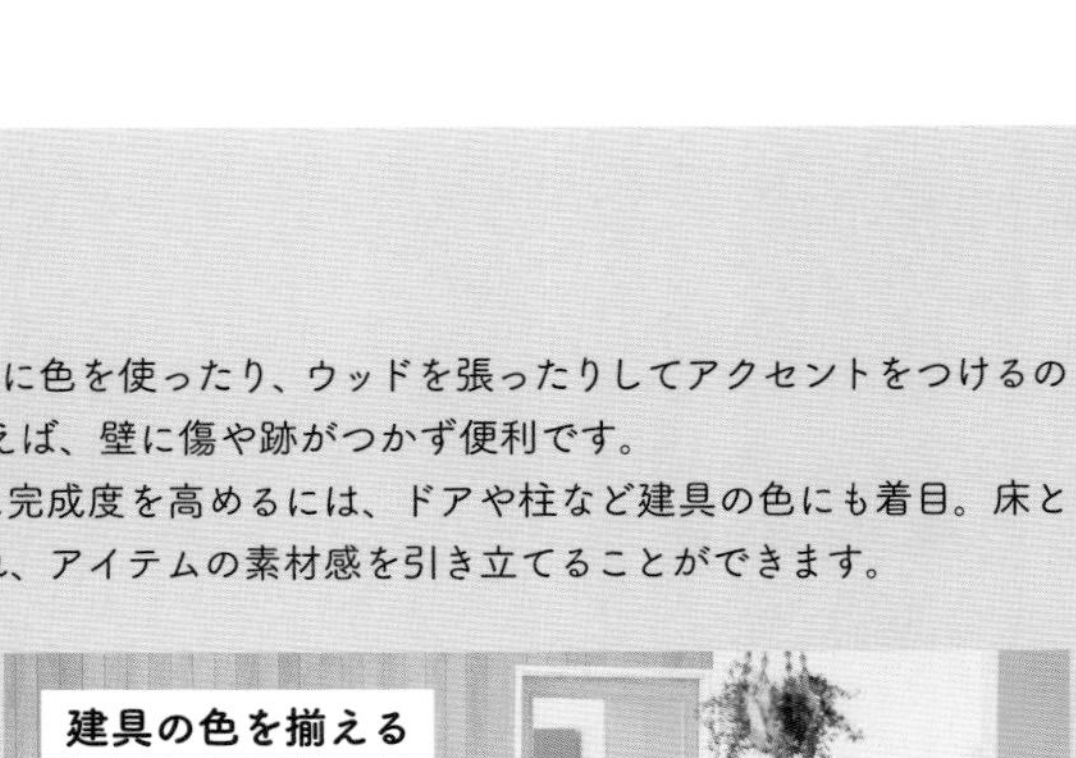

THEORY

002

面積の大きいインテリアはトーンを揃える

動画で解説！

家具やカーテン、ラグマットなど大きなインテリアの選び方

お気に入りのソファーやテーブルを購入し、お部屋に配置してみたものの、思っていたような素敵な空間にならなかった、という経験はありませんか？　なぜそんなことになるのでしょう。その理由は「トーンの統一」と「色の組み合わせ」という大切なポイントを考えずに、家具を購入してしまったからなのかもしれません。インテリア初心者は、家具の購入を検討する際に、単体として捉える傾向があります。単体としてのソファーやテーブルが、どんなにかわいくておしゃれであっても、トーンや色合わせを考えずにお部屋に取り入れてしまうと、既存の家具と合わずに浮いてしまう可能性が高いのです。つまり、この2つのポイントさえ理解しておけば、家具を単体ではなく、「お部屋を構成する要素」のひとつとして捉えられるようになります。そして家具の購入後もお部屋がバラバラな印象になってしまった、といった失敗がなくなります。

ソファーやテーブルだけでなく、お部屋の中で大きな面積を占めるカーテンやラグマットを選ぶ場合も同様なので、トーンと色合わせのコツを覚えましょう。

トーンとは？

大きなインテリアは落ち着いた暗めのトーンから選ぶ

下の図は、トーン分類図の「色相環」と呼ばれるものです。縦軸は明度で、上にいくほど明るく、下にいくほど暗くなります。横軸は彩度で右にいくほど鮮やかに、左にいくほどくすみます。分類図の中で、明度・彩度が似た色相を集めたものを「トーン」と呼びます。例えば青色にも、あざやかな青、やわらかな青、暗い青など、さまざまなトーンの青があります。それを気にせず異なるトーンと合わせると違和感が生じるのです。お部屋を構成する家具のトーンも同じ。お部屋全体のトーンが揃えば、全体的に調和のとれた、落ち着いた空間になるのです。ナチュラルヴィンテージ・スタイルは、落ち着きを求めるインテリアスタイルなので、彩度が低めのトーンを採用します。

いろいろなトーンの分類図

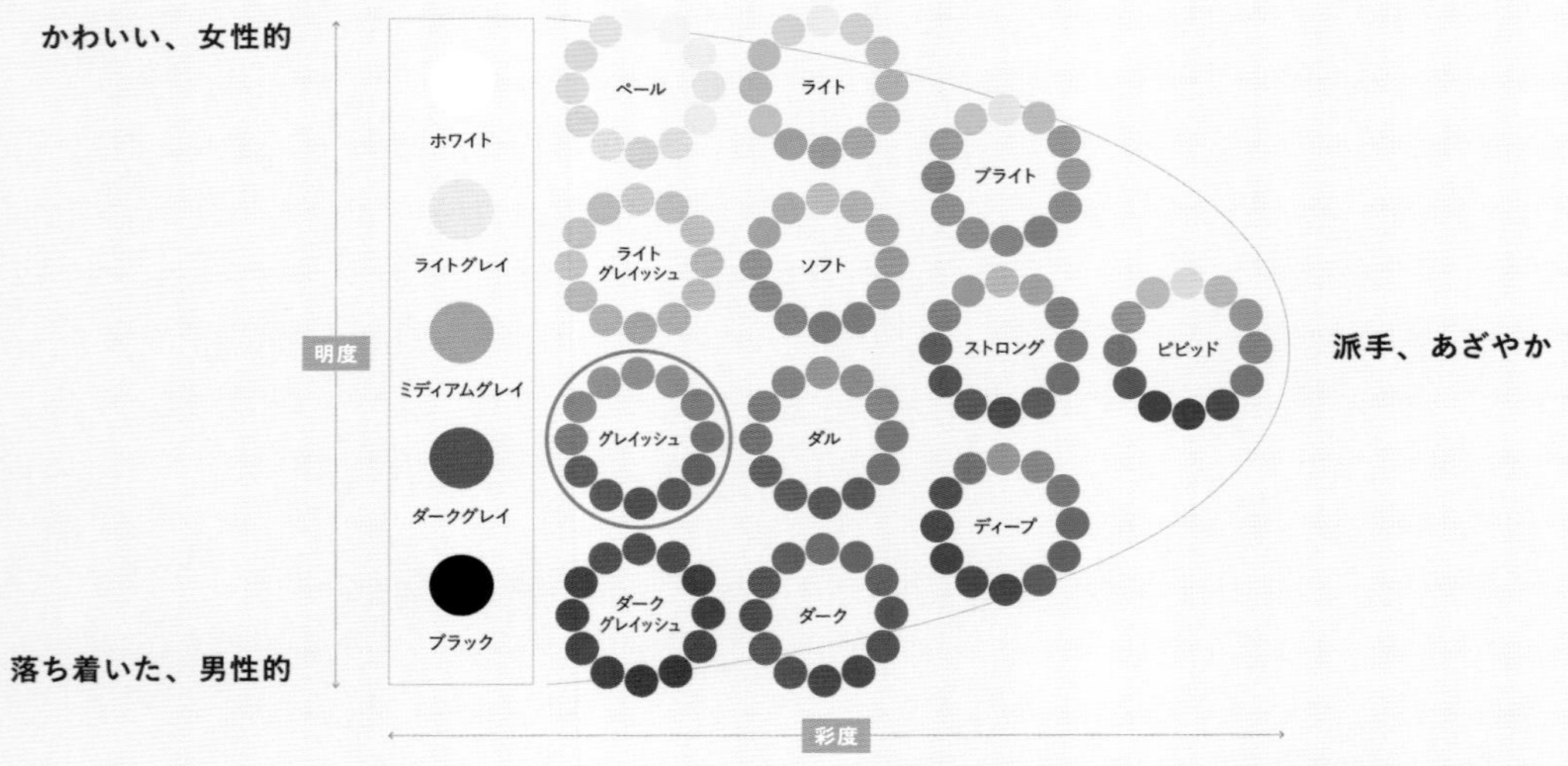

ナチュラルヴィンテージ・スタイルで使用するトーンは、「トーン分類図」では「グレイッシュトーン」にあたります。

トーンが合っていない

他の家具と異なる、あざやかなトーンのソファーを取り入れてしまうと、ソファーだけが浮いてしまい、全体的に統一感を演出しづらくなります。

トーンが合っている

周りの家具とトーンの合ったソファーにすると、お部屋に統一感が生まれ、落ち着きのある空間になります。新しい家具を購入する際は、同一トーンのものを選びましょう。

カラーで統一感を出す

アースカラーと無彩色から選ぶとお部屋に落ち着きが生まれる

ナチュラルヴィンテージ・スタイルの基本色は、「アースカラー」と「無彩色」の2つで、この組み合わせは、空間に統一感を与えます。アースカラーは木や土、植物など、自然のものをイメージした色のこと。やや暗いトーンのため落ち着いた印象を演出できます。無彩色は明度だけを持つ色で、ホワイト、グレー、ブラックなどを指します。その名の通り彩りがないため、他の色の邪魔をすることはありません。

　ソファーなどを好みの色にして、アクセントカラーにするテクニックもありますが、ナチュラルヴィンテージ・スタイルでは、色でアクセントを入れることはせず、全体の調和を優先します。アクセントは小物で入れるのがポイントです。

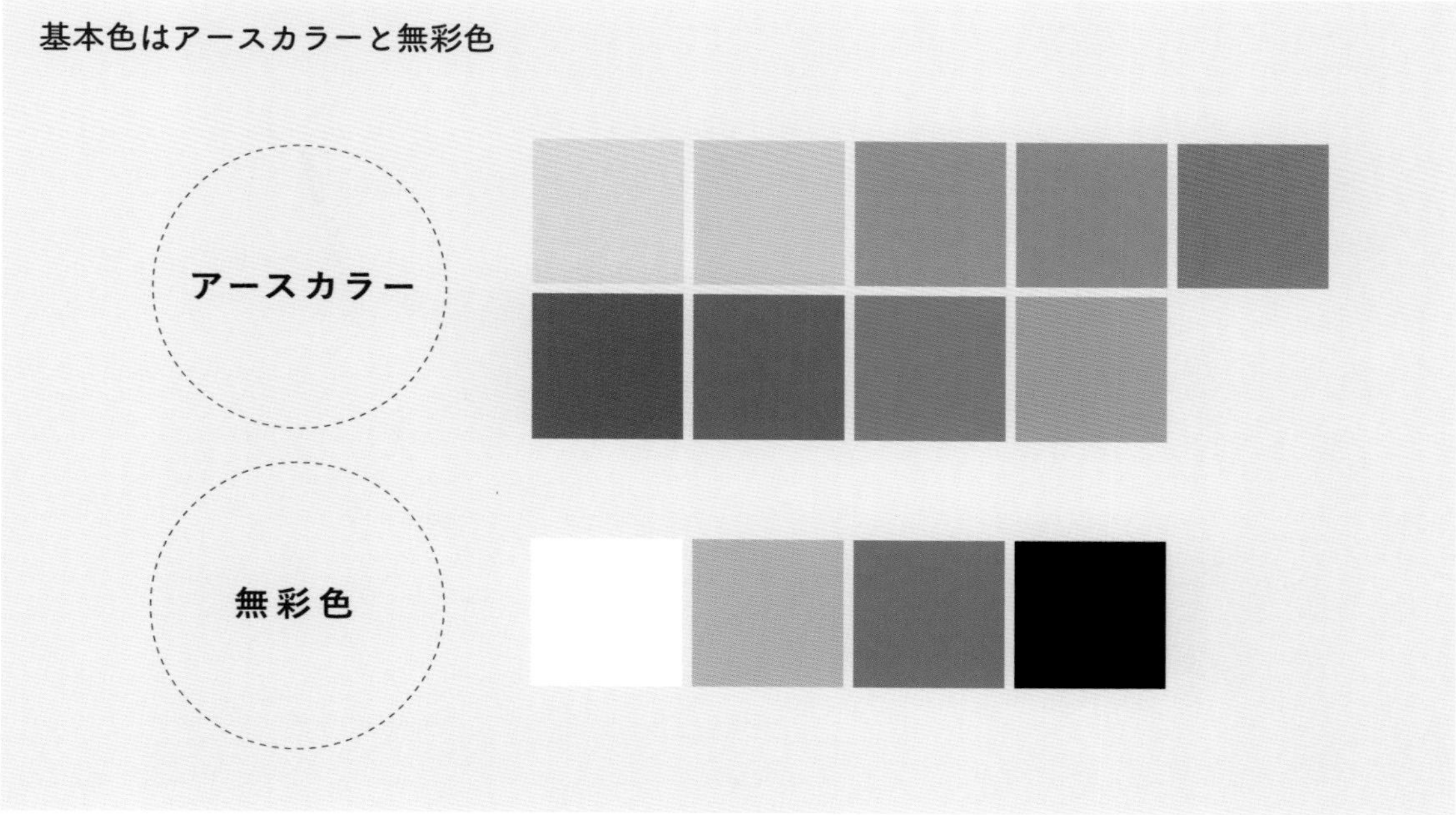

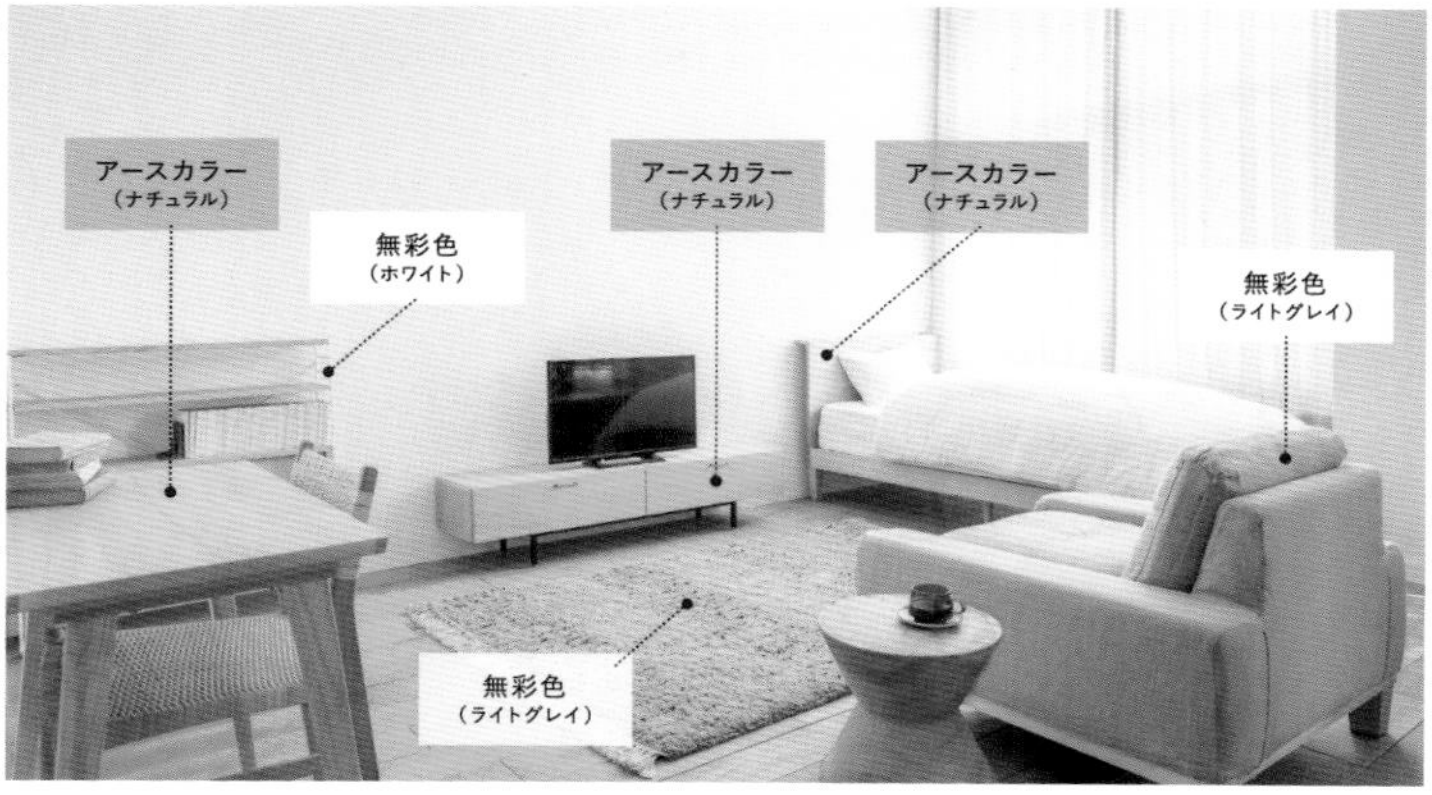

テーブルやテレビ台、ベッドにアースカラーを、シェルフのアイアンやラグマット、ソファーに無彩色を使い、統一感を演出。大きな家具はインテリアの主役になりやすいため、ソファーなどに自分の好きな色を使いたい場合は、他の家具とトーンを合わせ、落ち着いた色を選ぶようにしましょう。

ラグマットのトーンとカラー選び

ラグマットやカーテン選びも トーンと色選びがポイント

お部屋の中でも大きな面積を占めるラグマットやカーテンは、トーンの統一と色の組み合わせが大切。家具選びと同様にトーンを抑え、色はアースカラーや無彩色に絞るのがポイントです。アースカラーで統一されている空間に明るいブルーやイエローを加えてしまうと、そこだけが目立ち、全体の調和が崩れてしまいます。また、柄入りのカーテンなどを使うと、カーテンばかりが悪目立ちし、ナチュラルヴィンテージ・スタイルとはかけ離れる結果に。統一感のある選択をすることで、落ち着きのあるインテリアの土台が出来上がります。

ラグマットについてはP38から詳しく解説していますので参考にしてください。

色味が合っていない

アースカラーや無彩色から大きく外れたカラーを使うと、ラグマットだけが悪目立ちして、お部屋の印象が大きく崩れてしまいます。大きな面積であるラグマットの色はアースカラーか無彩色を選ぶようにしましょう。

無彩色を選ぶ

大きな面積を占めるラグマットを、他の家具の色を邪魔しない無彩色に。トーンを抑えた色は存在感を出さず、周りの家具を引き立てます。ただし明るすぎる白や光沢感のあるグレー、濃すぎる黒などは、調和が崩れるため避けましょう。

鮮やかすぎると浮く

アースカラーのラグマットを使っているものの、鮮やかすぎてトーンが合わないため、お部屋の中で浮いている状態です。全体の調和が崩れているため、悪目立ちしてしまいます。アースカラーの中でもトーンを抑えたものを選びましょう。

くすんだ色味を選ぶ

色鮮やかなラグマットを落ち着いたトーンのものに変えるだけで、お部屋全体はやさしく落ち着いた雰囲気に。周りの家具やインテリアとも見事に調和します。

カーテンのトーンとカラー選び

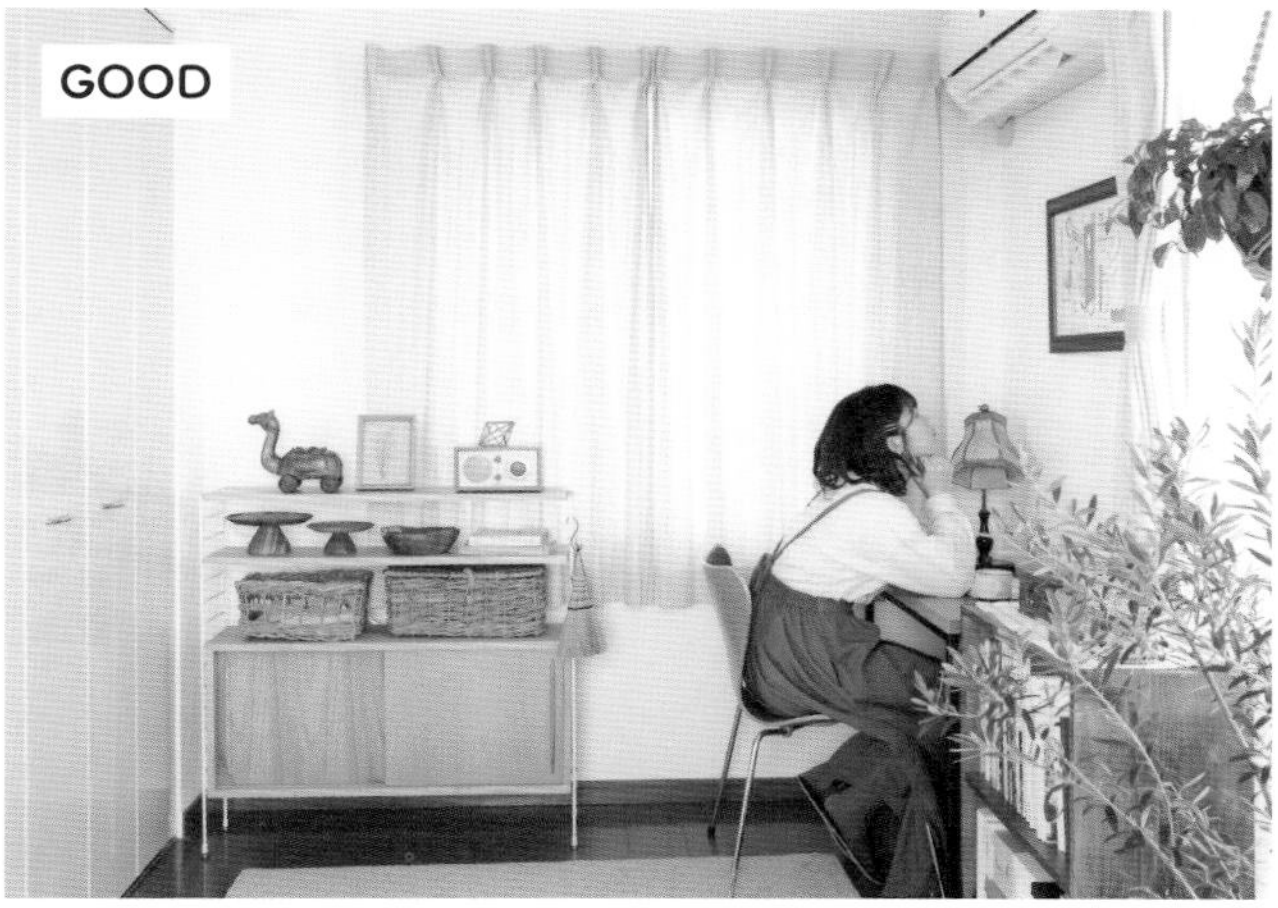

薄い色のカーテン

ベージュやホワイトなど、色の薄いカーテンを使うことで、白壁と自然にフィットします。また白は膨張色のため、お部屋を広く感じさせる効果もあります。ナチュラルヴィンテージ・スタイルでは、カーテンにはベージュやホワイトなど、色の薄いものを選ぶのが正解です。

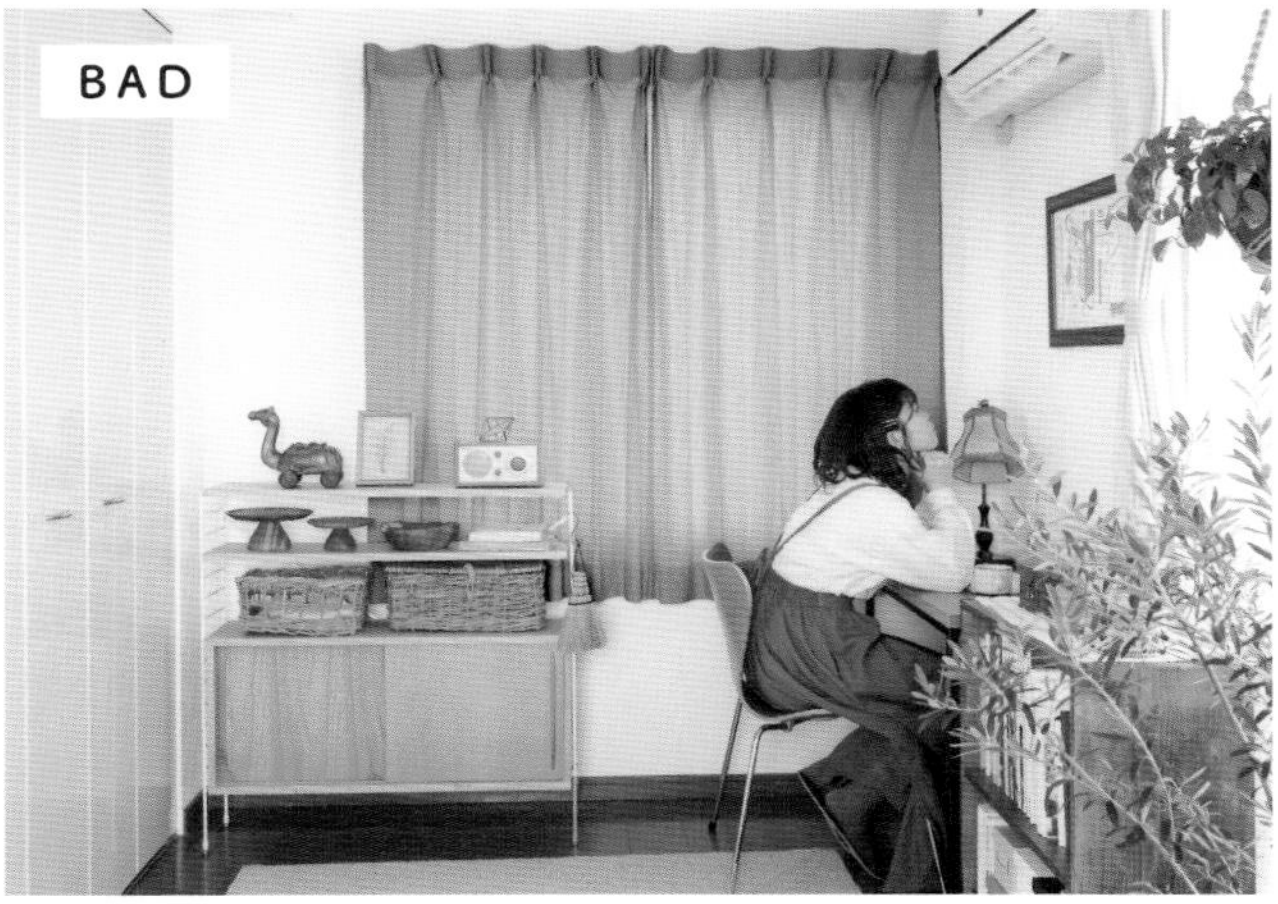

濃い色のカーテン

床色はベージュやブラウンということが多いので、濃い色のラグマットを敷いても違和感なくフィットします。しかしカーテンは、白壁と隣り合わせになる場所に設置するため、暗く濃い色を使うとカーテン自体の存在感が強くなってしまいます。またお部屋が狭く見えてしまうという弊害も起こります。

カーテンの素材感で変化をつける

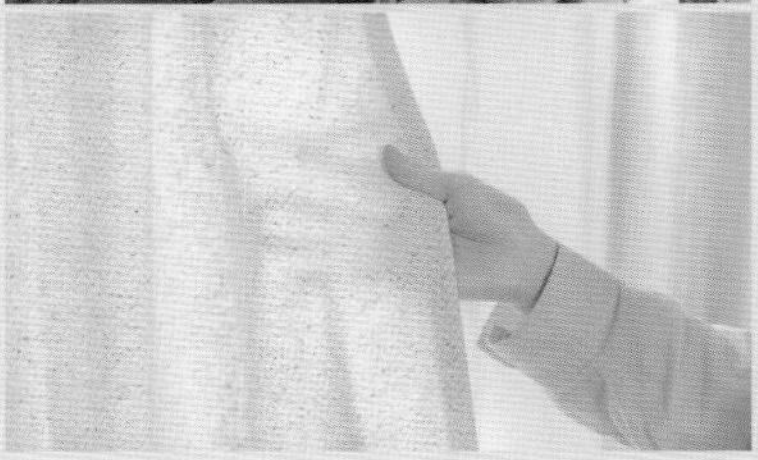

リネンや綿が醸し出す
ナチュラルな素材感を楽しんで

カーテンは、お部屋の中で占める面積が大きく、日々の暮らしでもよく目に入るアイテムです。そのため「シンプルなカーテンは、単調な印象になりそう」、「無地では素っ気ないから、色や柄のあるカーテンを使いたい」と思うかもしれません。たしかにシンプルすぎるカーテンは、壁の延長のように見えて味わいが感じられません。ナチュラルヴィンテージ・スタイルでは、色や柄で変化をつけるのではなく、リネンや綿などの自然素材を使い、風合いを加えて変化をつけます。素材自体の風合いを感じられるようにすることで、お部屋に表情が出て、ナチュラルで素敵な空間になります（P44 参照）。

THEORY
003

ラグマットを敷いて空間にメリハリを

動画で解説！

空間の区切りと生活のメリハリを生むラグマットの効果は絶大！

お部屋にラグマットを敷いていますか？もし敷いていなかったら、すぐに敷くことをおすすめします。実はラグマットを敷くだけでたくさんのメリットがあるのです。

最大のメリットは、お部屋に区切りができ、生活空間の使い分けができること。例えば、リビングとダイニングがひと続きになったお部屋でも、リビング部分にラグマットを敷くと、人は視覚とともに、ラグマットに足を置いたときの触覚により、空間に区切りができたと認識します。この区切りによってゆっくりくつろぐ場所と、食事や作業をする場所を分けることができ、生活にメリハリができます。リビングスペースは、床に座ったり寝転んだり、子どもが遊んだりと、よりリラックスできる場所になるのです。また、ある程度厚手のラグマットであれば、物を落としたときの防音効果や床の傷防止にもなります。

さらにお部屋のイメージをがらりと変える効果があります。気分でラグマットの色を変えたり、季節感のある素材を取り入れたりするだけで、気軽にイメージチェンジやコーディネートが楽しめます。

&Premium 3

アースカラーや無彩色で落ち着いた空間を作る

くすんだトーンのラグマットでヴィンテージ感をプラス

ラグマット選びの2つ目のポイントは、「色」です。おすすめはオフホワイトやベージュ、ブラウン、グレー系など、少しくすんだトーンの色。落ち着いた空間を演出してくれます。またこの4色は、既存の家具がどんな色でも合わせやすく、ナチュラルヴィンテージ・スタイルらしさを演出してくれます。ファブリック選びについてはP116からでも解説しています。

通常のインテリア・カラーコーディネートでは、アクセントカラーを加えて、空間に「締まり」を演出します。しかしアクセントカラーは落ち着いた雰囲気を損なうことがあるため、ナチュラルヴィンテージ・スタイルでは、使いません。シンプルでくすんだ色を選びましょう。

グレーなどの無彩色

グレーは無彩色なので、インテリアの邪魔をせず、どんなお部屋にも取り入れやすい色です。柄入りの場合は、同系色を使ったものにすると、悪目立ちすることはありません。

オフホワイトやベージュ

オフホワイトやベージュ系のラグマットは、やわらかな印象にしたいときにおすすめ。ナチュラルな雰囲気が演出できます。

ブラウン系

落ち着いた雰囲気を演出できるブラウンは、男性らしい空間に仕上げたいときに。民族系の柄ものもおすすめ。

動画で解説！

ラグマットの最適サイズは「ソファーより大きめ」

ソファーの横幅よりも幅が大きなものを選ぶ

ラグマットをリビングに敷くときは、インテリアの中心となるソファーを基準にサイズ選びをすると、バランスが取りやすくなります。基本は「ソファーの横幅よりも、ラグマットの幅が広いこと」。たとえば幅が180cmのソファーなら、横幅190cmのラグマットを敷くといった具合です。ラグマットが大きい分には、ソファーとのサイズの差があっても、まとまりは崩れません。

あとは、ソファーに座ることが多いのか、フロアでくつろぐことが多いのかといったライフスタイルの違いで、敷くべきサイズが変わってきます。適正なサイズを選んで、居心地の良いスペースを作りましょう。

ラグマットがソファーよりも小さいとバランスが悪い印象に。ソファー中心の暮らしならソファー幅に左右10cmほど余裕を持たせて。フロア上でくつろぐことが多いなら、より大きなサイズにするとストレスなくゆったりと過ごせます。

動画で解説！

一般的な市販マットのサイズと用途

いろいろあるラグマットですが、一般的なサイズとしては横幅190cm × 130cmのものがポピュラー。座ったり寝転んだりするにも十分な大きさです。もうひとまわり大きなものとしては、横幅250cm × 200cmのものがあります。この大きさだと、ソファー2つをL字に配置したりといったことも可能です。小さなお子さんがいてリビングで遊ぶといったシーンにも十分な大きさになります。

カーテンはジャストサイズの天然素材を

動画で解説！

シンプルな天然素材のカーテンをインテリアになじませて

ナチュラルヴィンテージ・スタイルのインテリアを目指すには、カーテンは「シンプルなデザイン」で、「風合いのある天然素材」という2点を踏まえて選びましょう。

お部屋で大きな面積を占めるカーテンは、存在感の大きなアイテム。デザインがシンプルであれば、存在感を主張しすぎることがなく、居心地の良い空間が作れます。柄物のカーテンは、単体で見るとおしゃれですが、印象が強いため、飽きてしまいがち。また実際に取り入れると、柄ばかりが悪目立ちし、空間のバランスも崩れます。

もう一点重要なことは「風合いのある天然素材」を選ぶこと。シンプルなカーテンは素材感が際立ちます。つまり化学繊維のものや安価なものは、人工的でのっぺりとしやすく、表情が生まれにくいということ。その点、天然素材のカーテンは素材自体に風合いがあるため、上質な印象になるのです。

天然素材のカーテンとセットで使いたいのが、やわらかな日差しを室内に取り入れることができる薄手のレースカーテンです。レースカーテンを選ぶ場合も、シンプルな天然素材がおすすめです。

カーテンはジャストサイズが大原則

カーテンはお部屋の広い面積を占め、また目線の高さにあるため、インテリアの中でも重要なアイテムです。多少価格が高くても、窓のサイズにぴったりフィットする、オーダーカーテンを選ぶのがおすすめです。

最適なサイズで作れるオーダーカーテンがおすすめ！

カーテンには一般的に「既製カーテン」と「オーダーカーテン」の2種類があります。既製カーテンは、固定サイズで販売されているもののことです。比較的安価なものが多く、手軽に手に入るのが特徴。オーダーカーテンはサイズを選んで注文するカーテンのことで、自宅の窓の大きさにぴったり合ったものが作れますが、価格は既製品よりも高くなります。

現代の住宅の窓の形やサイズは千差万別。既製カーテンを設置すると、ぴったりフィットしない場合が多くなっています。カーテンが窓とぴったりフィットしていると、見た目が美しいだけでなく、光や外気を遮り、開け閉めもスムーズに行えます。

腰窓の場合

ドレープは窓よりもプラス15cm、レースは窓よりもプラス14cmで作るときれいです。窓よりも大きめにすることで光がしっかり抑えられます。オーダーカーテンのサイズを測る際は、幅は一番端のランナーの穴の中央からもう一端のランナーの穴の中央まで、丈はランナーの下から窓枠の下までの長さを測ります。

掃き出し窓の場合

ドレープカーテンは床よりもマイナス1cm、レースカーテンは床よりもマイナス2cmで作るときれいです。1cmの隙間があることでカーテンの開閉がしやすく、かつ窓全体を覆うことができます。素材により伸び縮みが生じるケースもありますので、オーダーの際は店員さんに相談しながら購入しましょう。

長すぎる&短すぎると美しくない

サイズの合わない既製品を無理やり合わせると、カーテンが寸足らずで窓を完全に覆えなかったり、逆に長すぎて開閉時に床を引きずってしまったりと、見た目が美しくないだけでなく、機能的にも問題が出てしまいます。

張りがあり、明るく爽やかなお部屋に

動画で解説！

ナチュラルヴィンテージ・スタイルのインテリアで大切なのは、見た目や手触り、質感など各アイテムの素材感を大切にし、色の主張は控えめにすること。とくに面積の広いカーテンは、素材感と色にこだわって選びたいものです。カーテンの素材としてはリネンやコットンがおすすめ。素材の違いによって、お部屋の雰囲気が変わりますので、好みのインテリアスタイルに合わせて、選びましょう。

また、天然素材のカーテンは見た目以外にも良さがあります。開閉する際の手触りが良く、やわらかな感触を味わえます。また室内に差し込む光もやわらかさを帯びるので、日々の暮らしの中で良さを実感することができます。

リネン
ナチュラルかつ味わい深いお部屋に

素材感は「パリッ」としており、ナチュラルな印象が強め。リネンは使い込むことでクタッとやわらかくなり、味わいが出てきます。ヴィンテージ家具や雑貨との相性が良く、互いの魅力が引き立ちます。お部屋をナチュラルな印象にしたい、ヴィンテージやアンティークのアイテムが好きという方におすすめ。

リネン＋コットン
張りがあり、明るく爽やかなお部屋に

リネンにコットンが加わるとサラッとした素材感になり、明るさや爽やかさを感じさせます。麻のみと比べ張りがあり、スタイリッシュで上品な印象。ヴィンテージに寄せすぎず、明るくナチュラルな色合いの家具や、爽やかな印象の内装との相性が良好です。

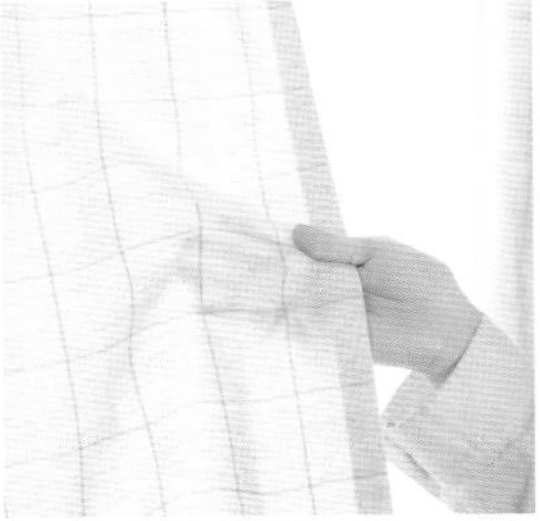

格子柄
優しくも整頓性のあるお部屋

柄物のカーテンを取り入れるなら、色合いがナチュラルなものを選ぶのがポイント。細くて均一なチェック柄が整頓性を感じさせ、スッキリした印象もプラス。柄が程良いアクセントになるため、その他のアイテムはシンプルにまとめましょう。さり気ないチェック柄が、シンプルな空間の「くずし」アイテムに。

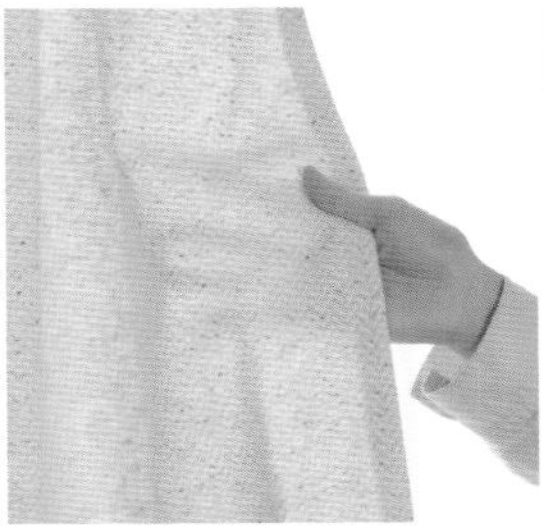

ヘリンボーン
優しく温かみのあるお部屋に

布地に凹凸のあるカーテンは、ふんわりと優しい雰囲気で、お部屋に「ほっこり感」をプラスする効果があります。「遠目では無地に見えるけれど、光に透かすと柄が見える」という程度の織りであれば、シンプルさを保ちながら、お部屋全体に温かみをプラスすることができます。

光量を調節して休まる空間に

動画で解説！

カーテンと照明のコントロールでリラックスできる空間を作る

太陽光がたっぷりと注ぐ日当たりの良いお部屋は、明るくて温かく良いことしかないと思われがちです。しかし実際はまぶしすぎる西日で室温が高くなったり、家具や建具が日焼けしてしまったりといったことが考えられます。また寝室の場合、お部屋を真っ暗にしておきたいのに、朝日がまぶしくて目覚めてしまう、といったことが起こることも。「太陽光をカーテンで調節する」「照明を使う」という方法を適切に組み合わせて、光のコントロールを行いましょう。寝室のカーテンは、朝日で目覚めたい方は遮光機能のないものを。朝日で目覚めずにぐっすりと眠りたい方は遮光機能のもので光をシャットアウトするのがおすすめです。

照明は温かみのある電球色を使います（P60参照）。人が毎日浴びる光は、ホルモンの分泌や、自律神経系に影響を与え、健康を左右するといわれます。オレンジ色の夕日や電球の温かな光は副交感神経を刺激し、リラックス効果を高めると言われます。寝室にオレンジ色の光を取り入れると気持ちが和らぎ、穏やかに睡眠のスイッチを入れることができます。

光の量をコントロールする

西向き窓や寝室には遮光生地のカーテンを

西日が入りすぎるお部屋や、まぶしい朝日を遮りたい寝室などには、遮光機能付きのカーテンを使いましょう。遮光カーテンとは、光や熱を遮ることができるカーテンのこと。素材等に応じて級が変わり、遮光1級では99.99%の光を遮ることができます。

ナチュラルヴィンテージ・スタイルの空間には自然な風合いを楽しめる天然素材のカーテンがおすすめですが、天然素材のカーテン生地には遮光機能はついてないことが多いので、遮光裏地をつけることで遮光機能を付与できます。日差しが入りすぎる西向きの窓、真っ暗にしたい寝室には、遮光裏地付きカーテンを検討すると良いでしょう。

動画で解説！

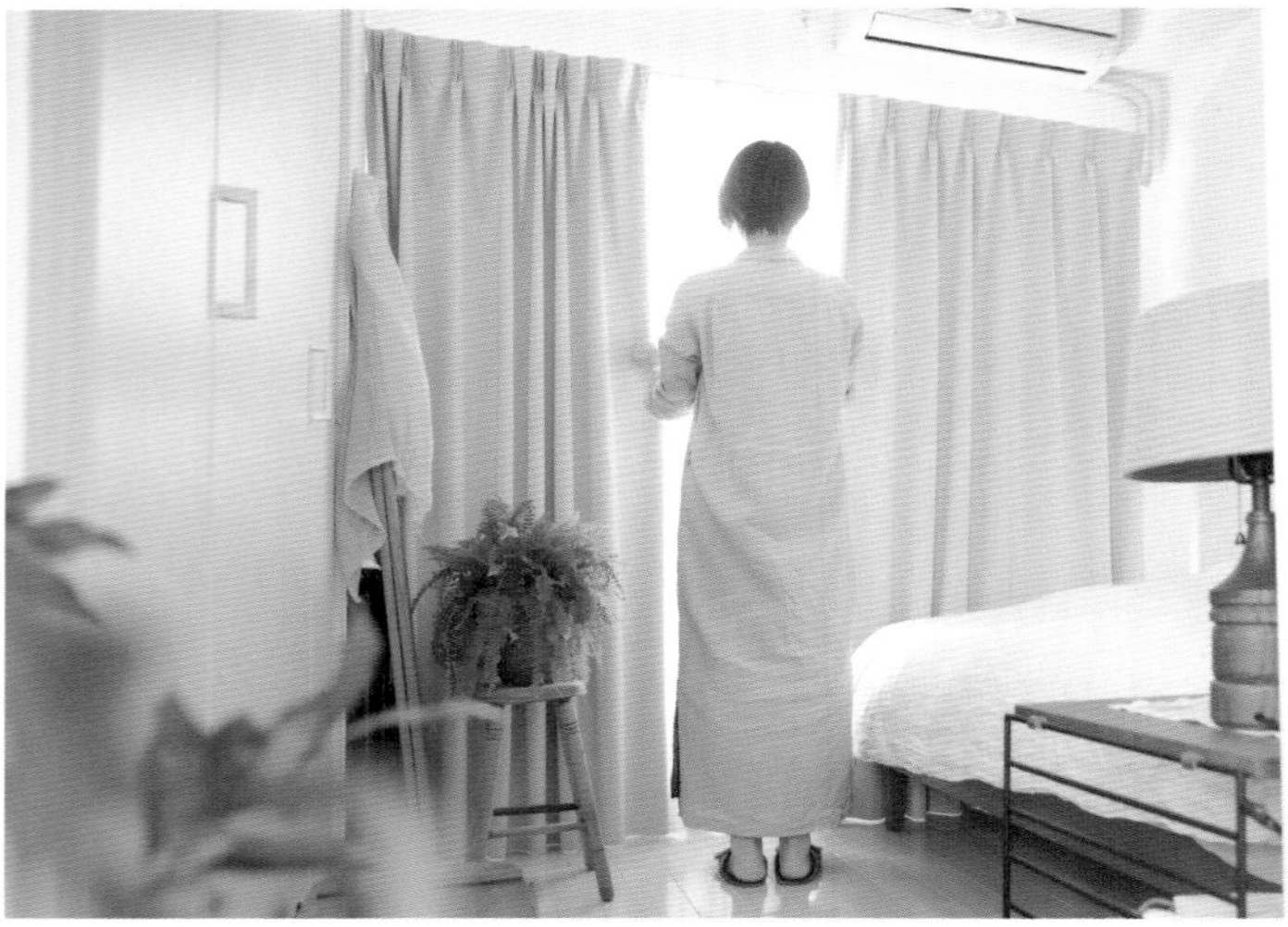

遮光カーテンで寝室をしっかり暗く

遮光カーテンは選ぶ遮光級次第で、やや光を感じさせるお部屋にも、暗室のように暗いお部屋にもできます。室内温度を保つ効果を持つタイプもあり、真夏や真冬など、エアコンを使う時期には、節電対策につながります。

遮光しないカーテンでリビングやダイニングにやわらかな光を

遮光しないカーテンの場合はとくに、天然素材を選ぶことをおすすめします。なぜなら、リネンやコットンなどの天然素材は、お部屋の中にやわらかな光を届け、自然の風合いを感じさせてくれるからです。

良質な睡眠がとれる寝室に

リラックス効果を高める明るさを抑えた落ち着いた光

寝室は良質な睡眠をとるための大切な空間。上質な睡眠をとることでたまった疲れがリセットされ、新しい1日を迎えられます。睡眠の質を大きく左右するものが「光」です。まずは他のお部屋と同様、照明の色味は電球色で揃えます。昼白色の照明は、作業に集中したいときは良いのですが、脳が活発になってしまうため、寝室にはおすすめできません。次に、天井照明ではなく、フロアライトやテーブルライトなどの間接照明を使いましょう。複数のやわらかな光は、心をリラックスさせる効果があります。またフロアライトやテーブルライトは配置を自由に変えられるため、光源の調整がしやすいという利点もあります。明るさを調整できるスマート照明もおすすめです（P63参照）。

朝日で自然な目覚め

「朝は太陽光を取り入れ、自然に目を覚ましたい」という場合は、カーテンの遮光級を下げたり、光を通しやすい明るい色のものを取り入れたりしましょう。リネンや綿などの天然素材は、温もりある光で気持ちの良い目覚めをもたらします。

調光機能のあるテーブルライト

寝室の光をコントロールするのにおすすめなのが、調光機能が付いているテーブルライトです。光量を落とせばリラックス空間に。持ち運べるタイプが便利です。

アロマキャンドル

アロマキャンドルのゆらゆらと揺らぐ炎と心地良い香りは、私たちを睡眠の世界へと誘います。火を使うのが心配な場合は、電池式のタイマー付きキャンドルやアロマポットがおすすめ。

多灯照明で奥行きのある空間に

動画で解説！

足し算で取り入れた照明でリラックス空間を手に入れる

ここからは、照明について見ていきましょう。照明の使い方次第で、味わいのある落ち着いたお部屋を作ることができます。

「多灯照明」という言葉を聞いたことはありますか？ これはお部屋を1灯のみではなく、複数を組み合わせて照らすことです。多灯照明にすると、それぞれの照明からの光が重なり合い、「陰影」と「リズム」が生まれます。奥行き感が演出でき、ドラマチックな空間を作ることができるのです。

インテリア初心者がやりがちなのが、天井照明一灯のみでお部屋を照らしてしまうこと。これだけは絶対にやめましょう！1灯のみの照明ではお部屋のすべてが均等に明るくなり、無味乾燥な雰囲気に。陰影もリズムも生まれず、味気ない空間になってしまいます。「照明をどう取り入れるか」ということは、お部屋でリラックスして夜を過ごすために、とても重要なポイントです。インテリアをより魅力的に見せ、くつろぎのひとときを演出するための「照明計画」と、「配置のポイント」を紐解いてみましょう。

空間に陰影とリズムを作る

居心地の良い落ち着いた空間を作るための、照明の取り入れ方の基本をご紹介します。

お部屋に必要な明るさを1灯でまかなおうとすると、1方向から明るい光が放たれ、お部屋全体が平面的な印象に。多灯照明の場合は、天井照明だけでなくフロアライトやテーブルライトなど、複数の照明を組み合わせて、トータル的にそのお部屋に必要な明るさを確保します。こうすることで、ひとつのお部屋のなかで明るいところと暗いところができて、美しい陰影とリズムが生まれます。

天井照明だけでのっぺりしている

天井照明だけで必要な明るさをまかなった場合、頭の上を煌々と強い光が照らすことになります。一方からの強い光だけでは、のっぺりとした印象になり、せっかく素敵に仕上げたお部屋でも雰囲気が出せません。

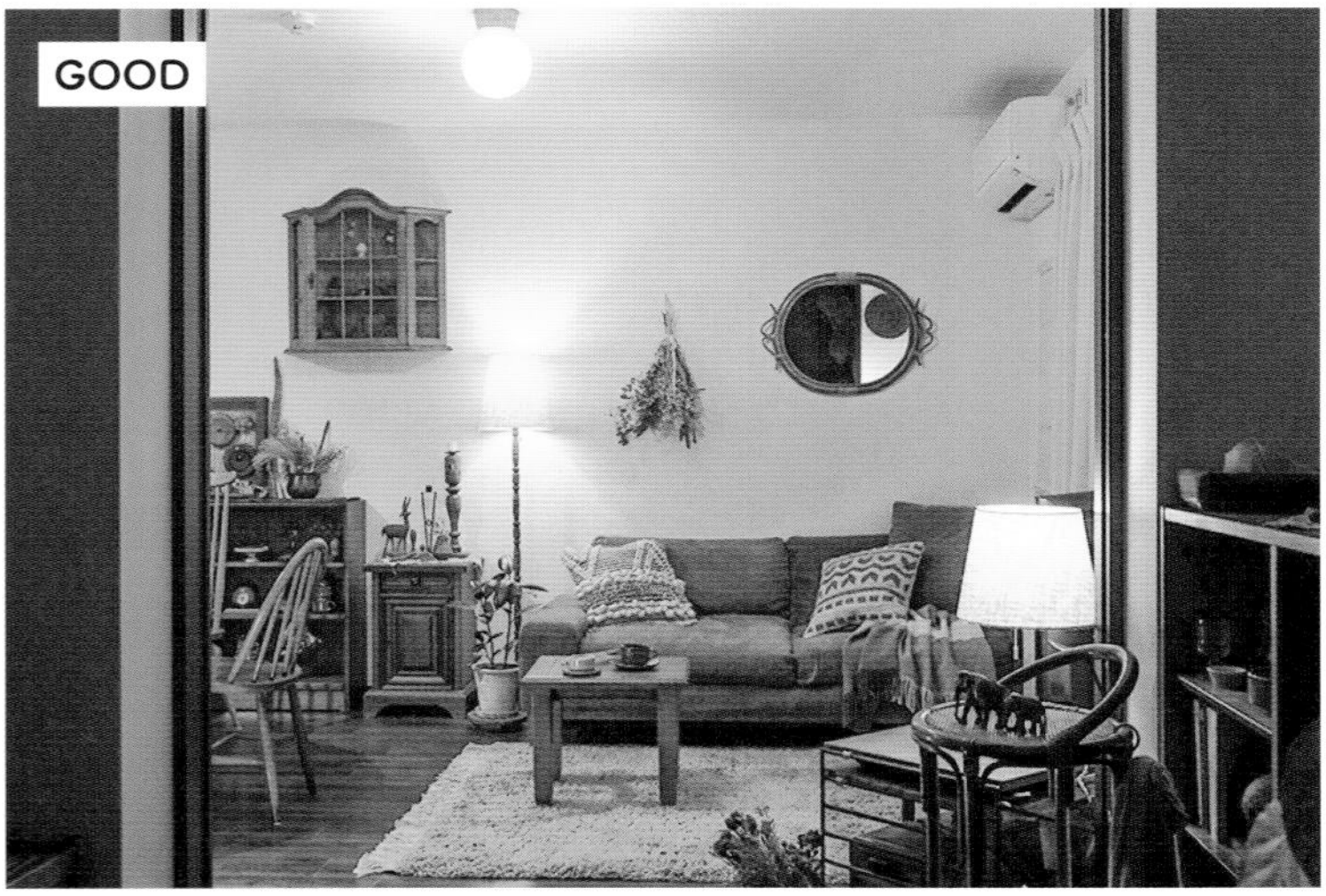

複数の照明で陰影が美しい

ひとつのお部屋に必要な明るさを複数の照明でまかなえば、それぞれの照明の光量は少なくなり、眩しさは感じられません。照明のまわりはぼんやりと明るく、照明から離れているところは暗くなり、奥行きを演出できます。また、照明の色を電球色で統一しています。

天井照明

天井に取りつける照明のこと。吊り下げるタイプのペンダントライトと、天井に直づけするタイプのシーリングライト、シェードの角度が変えられるスポットライトなどがあります。

＋

＋

テーブルライト

テーブルや棚の上などに置く、比較的小ぶりな可動式のライトです。リビングではソファーの横、ベッドルームではベッドの横などに設置します。

フロアライト

お部屋の隅やテーブル、ベッドの横などに置く、可動式のライトです。支柱が長く、光源はテーブルライトより高い位置にあるのが一般的。間接照明や部分照明に使われます。

実践

光量の調節ができる照明で、多灯照明による空間作りをしてみましょう。

天井のみ

天井照明だけで必要な明るさをまかなった状態。天井からの強い光で照らしているため、全体的にのっぺりとした印象です。

弱めの天井照明
＋
フロアライト

天井照明の明るさを一旦落とし、フロアライトの灯を入れて、明るさを足しました。天井照明のみの場合と比べると、陰影とリズムが出てきています。

弱めの天井照明
＋
フロアライト
＋
テーブルライト

さらにテーブルライトを点けて明るさをプラス。3つの照明を組み合わせることで、陰影とリズムが生まれお部屋全体が表情豊かに。お部屋の照明を考えるときには、天井照明、フロアライト、テーブルライトを組み合わせ、必要な明るさを確保しましょう。

ソファー横のフロアライトでポイント作り

透ける素材を選ぶ

動画で解説！

シェードは透過性のあるタイプとないタイプがあり、素材によって光量や光の差し方、印象が変わります。ナチュラルヴィンテージ・スタイルに合うのは、リネンや紙、ガラスなど、透過性のあるタイプ。光が透過することでお部屋全体にやわらかい光が拡散され、落ち着きある空間が作れます。

リビングの照明は インテリア性と実用性が大切！

テーブルライトやフロアライトは人の目線の高さにあり、自然に視界に入ります。そのため、照明を使用しない明るい時間帯に見るインテリアとしても、重要なアイテムといえるでしょう。

リビングにフロアライトやテーブルライトを取り入れる場合は、ソファーの横に配置するのがおすすめ。そのメリットは「インテリアに落ち着きが出る」こと。ダイニングで夕食をとる際、リビングが無人でもソファー横の照明だけ点けてみましょう。ほんのりとした灯りは、人をリラックスさせる効果があります。ダイニングだけがぽつんと明るいと閉塞感を感じてしまいますが、少し離れた位置にも照明があると、やわらかな空間が生まれ、広がり感を演出できます。２つ目のメリットは、「ソファーで過ごす際の利便性」です。ソファー横の照明は手元を明るく照らせます。とくにソファーで読書をする方は、手元だけを照らせるスポット型の照明が便利です。

必要な明るさは 1畳あたり 15〜20W

動画で解説！

優しくやわらかな明かりで落ち着きのある空間作りを

照明の選び方と使い方は、お部屋の雰囲気を決定づける大切なポイント。ナチュラルヴィンテージ・スタイルのお部屋作りでおすすめするのは、優しくお部屋を包みこむようなやわらかい明かりです。しかし日本では、歴史的に白く明るい照明を好む文化が根強く、賃貸物件で備え付けられている照明は煌々と明るい白い蛍光灯が一般的。せっかくインテリアにこだわっても、蛍光灯1灯では、のっぺり、そっけない印象に。これに対し、欧米諸国ではオレンジ色の光が好まれ、お部屋の明かりも日本のお部屋ほど明るくありません。青い目の人はメラニン色素が少なく、黒い目のアジア人より光に弱いという身体的特徴も影響していると思われます。

リセノが考えるお部屋の最適な明るさは「1畳あたり15〜20W」。この程度であれば本が読めて目が疲れない程度の明るさを確保でき、落ち着きのある空間作りができます。ちなみに「1畳あたり30〜40W」と言われることもありますが、これはかなり明るめ。まずは自宅の最適な明るさを知ることから始めましょう。

Köpfe
November 1979 - Januar 1980
GALERIE BRUSBERG

ヒントはスターバックスコーヒーの明るさ

居心地の良いカフェのような適度な暗さを目指して

カフェや上質なホテルなど、「落ち着く空間」の「適度な暗さ」は緊張感をほぐし、心を和らげます。わかりやすい例は、スターバックスコーヒーの店内です。自宅の照明を検討するなら、夜に雰囲気のある店に行き、自分の明るさの好みを知っておくのがおすすめです。

ちなみに人の目は近くにあるものを見続けると、「毛様体」という筋肉が緊張して凝り固まり、その結果、筋力が衰え視力が低下します。「暗いお部屋で本を読むと目が悪くなる」という説は、暗すぎるなか、ひとつのものを長時間近くで見続けた結果といえます。また明るすぎると瞳孔が絞られ緊張状態になり、目は疲れてしまいます。適度に暗いところでは目は光を取り入れるために瞳孔を開くため、疲れにくい状態に。照明は適切な明るさにすることが重要なのです。

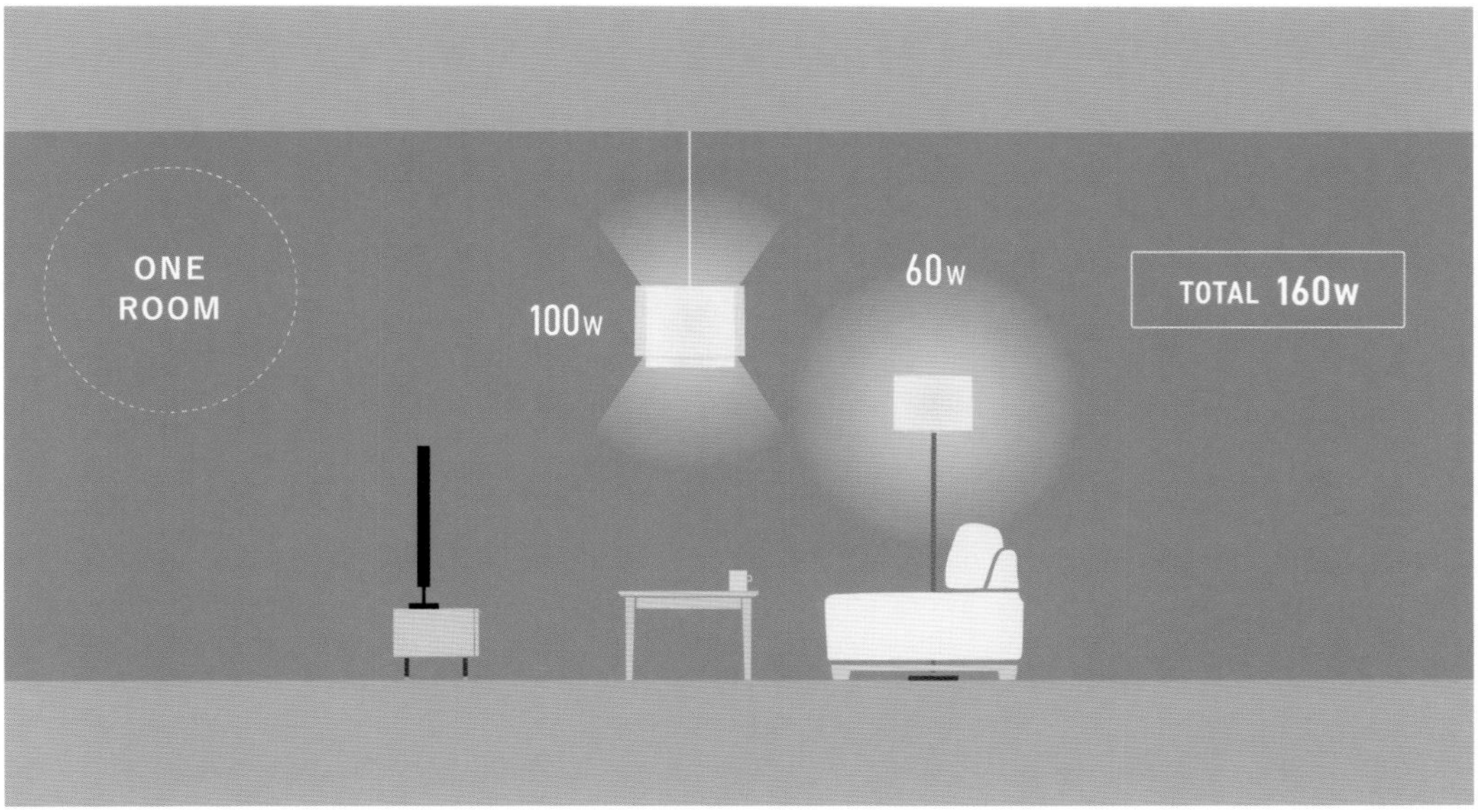

8畳の場合
8×20W＝160W

８畳ワンルームの場合は、120 ～ 160W の明るさを確保すると良い計算になります。ペンダント照明で 100W、フロアライトで 60W 確保することで希望の明るさに。さらにベッド横に就寝時用のテーブルライトをプラスしても良いですね。

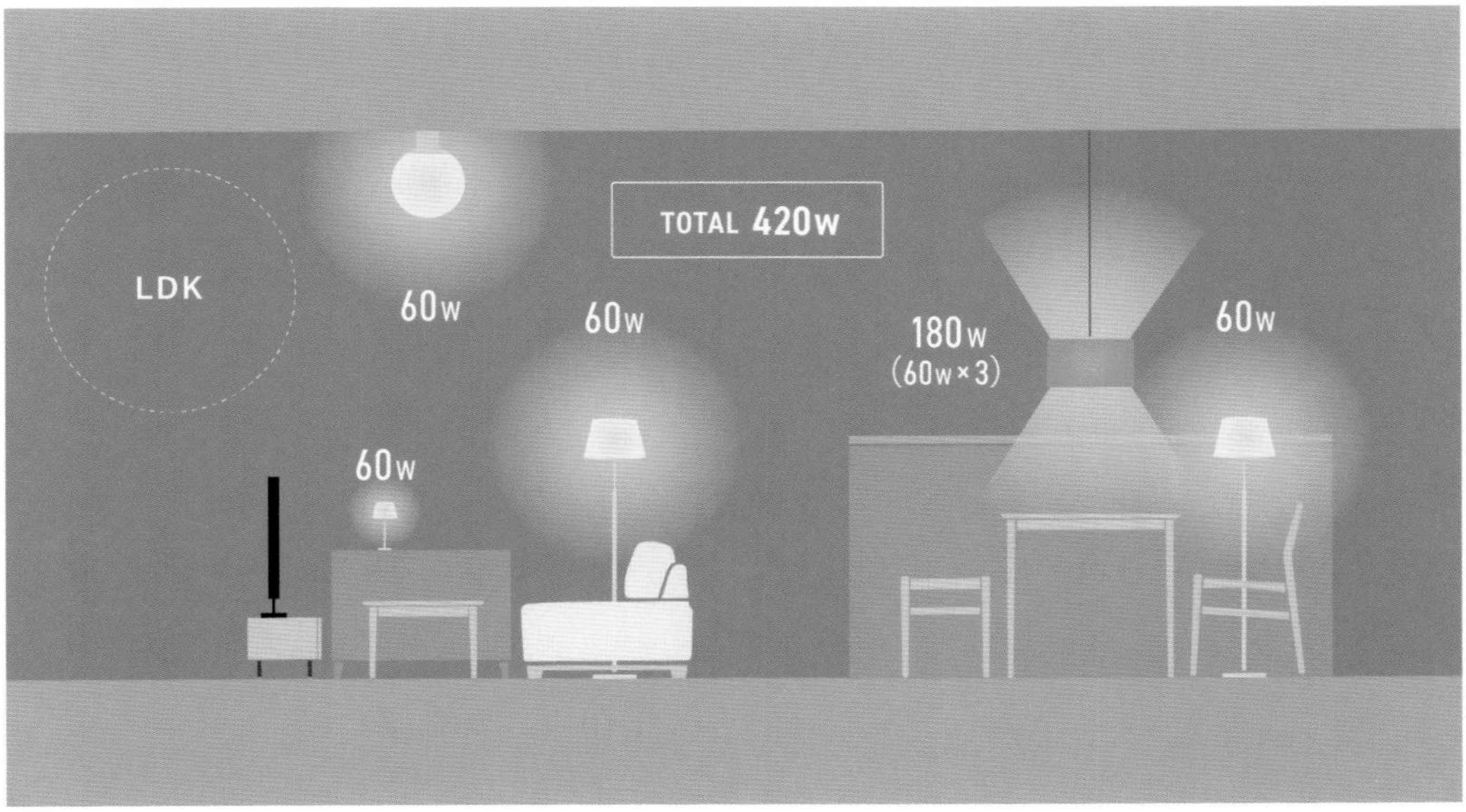

25畳の場合
25×20W＝500W

25 畳の LDK の最適な明るさは 375 ～ 500W 程度。リビングの天井で 60W、ダイニングのペンダントライトで 180W、リビングのフロアライトで 60W、リビングのテーブルライトで 60W、ダイニングのフロアライトで 60W を確保すると、合計で 420W になります。

THEORY
008

光の色味は電球色で揃える

動画で解説！

温かみのある電球色の照明でおしゃれな生活空間を照らす

海外旅行の際、夜出発の飛行機に乗ったことはありますか？　離陸時、窓の外に広がる市街地を見下ろすと、欧米諸国の夜景はオレンジ色の光が多いのに対し、日本は白い光が圧倒的に多いことに気づくはずです。この白い光は蛍光灯の色。日本人にとっての照明は、白い光を放つ蛍光灯が主流と言えるでしょう。日本でここまで蛍光灯が根付いた理由は、戦後、将来の電力消費の伸びを懸念した政府が、蛍光灯を推奨したことが発端と言われています。蛍光灯は白熱電球より発光効率が良くて寿命が長く、熱の放射も少ないといった利点があり、あっという間に一般家庭に広がりました。日本人は子どもの頃から蛍光灯が発する「白く、明るい」光に慣れ親しみ、それが文化として今も根付いているのです。

用途によっては、白い照明が必要な場合もあります。しかしナチュラルヴィンテージ・スタイルの空間作りでは、基本的に白く明るい蛍光灯ではなく、「電球色」をおすすめします。電球色の照明は、蛍光灯の白い光では絶対に作ることはできない、やわらかさや温かみを演出してくれます。

光には色温度がある

一般的な電球の種類と光色の違いを知りましょう

色温度とは、太陽光や自然光、照明などさまざまな光源の色を表すための尺度のことで、単位はケルビン（K）。色温度が低いほど暖かみを感じさせる暖色、高いほど青みが強く冷たい印象の寒色を表します。JISの規格区分では、電球色は2600〜3250K、昼白色は約4600〜5500K、昼光色は約5700〜7100Kとされています。

一般的な照明の電球には、白熱球、蛍光球、LEDの3種があります。白熱球の光色は暖色、電球自体は安価ながら電気代は高め。蛍光球は、昼光色、昼白色、電球色の3色。価格は白熱球の倍以上ですが、寿命は約6倍、電気代も約1／4の省エネ電球です。LED電球は、電気代が白熱球の約1／8、寿命は20倍以上という経済的な電球です。光色は自然な昼白色と電球色の2色。電球自体が熱を持つことはなく、そばに観葉植物などを置いても心配ありません。

それぞれの電球にメリット、デメリットがありますが、お部屋の雰囲気を良くするには、色は暖色系がおすすめ。蛍光球・LEDの電球色が良いでしょう。

冷たい ⟷ 温かい

色温度が高い光は、青みが強く冷たい印象に。仕事や勉強など、集中したいときに向いていますが、リラックスできる雰囲気は出しにくいのが特徴です。

色温度の低い光は、赤みが強く温かみがあります。ロウソクの火や朝焼け、夕焼けも色温度が低い色で、色温度の低い色は人の心を和ませる効果のある色と言えます。

スマート電球は、PHILIPS Hue やアイリスオーヤマなどが販売。LED 電球ですので寿命は長く、一度購入しておけば 10 年程度は持ちます。

仕事や勉強のときは昼白色の白い光に。便利なスマート電球

快適で便利な生活を送るためには、その空間に適した照明を使うことが大事です。しかし同じ空間で過ごすとしても、勉強や仕事のために集中したいときもあれば、ゆっくりリラックスしたいときもあります。厄介なのは必要な照明の明るさや光の色味は、それぞれのシーンで異なることです。そんな問題を簡単に解消できるのが「スマート電球」です。

スマート電球とは調光、調色の機能を持ったLED電球のこと。スマートフォンで専用アプリを操作することで、明るさを調整したり、光の色味を変えたりと自在に変化させることができます。用途に合わせて光を最適化できる便利な機能ですので、取り入れてみてはいかがでしょう。

実践

動画で解説！

スマート電球を導入する

①まずは電球をスマート電球に付け替えます。

②電球のメーカーに合わせて無料アプリをダウンロードして使用します。スマートフォンから自由に電球の色味や光量を変更できます。

③食事タイムは、目に優しく心を落ち着かせる効果のあるオレンジ色の光に。晩酌タイムにはさらに光量を落として使うのもおすすめです。

④ダイニングテーブルで仕事や勉強など、集中力を高めたいときは、白く明るい光にチェンジすることができます。

リビングには シーリング ダイニングには ペンダントを

動画で解説！

お部屋の生活導線に合わせて照明を使い分ける

リビングやダイニングの天井に設置する照明は、大きく分けて天井に直付けする「シーリングライト」と、天井からコードやチェーンで吊るす「ペンダントライト」の2種類があります。

シーリングライトは、光源が高い位置にあるため、お部屋の広範囲にやわらかな光が行き渡るのが特徴です。一方ペンダントライトは、コードの長さの分だけ照明の位置が低くなり、光の広がる範囲はシーリングライトより狭めになります。

シーリングライトとペンダントライトは、ともにお部屋のメイン照明として使われますが、どのように使い分ければ良いのでしょうか？　おすすめは頻繁に人が通るリビングには、移動中に頭をぶつける心配のないシーリングライト、食事や勉強などを行うダイニングの照明には、手元を照らすことができるペンダントライトを使うことです。

リビングとダイニングでは人の生活導線が異なり、生活のなかで担っている役割にも違いがあります。そのため、適した照明の高さにも違いがあるのです。

BRUSBERG

シーリングライト

天井に直接付けられているものがシーリングライト。照明器具が視界に入らないため、空間が広く感じられ、くつろぎ感が高まります。ボール型や円形などシンプルなデザインのものが多く、比較的安価なものを探しやすいでしょう。リモコン操作での調光、電源の ON ／ OFF などの機能があると便利です。

Point
・天井に近い位置から光を広範囲に届けることができる。
・お部屋をすっきり、広く見せたいときにぴったり。
・デザインはシンプルで安価なものが探しやすい。

ペンダントライト

天井から吊り下げるのがペンダントライト。シェードには電球の光を通すタイプと通さないタイプがあり、通すタイプは布製やガラス製、紙製など。やわらかい光が広範囲に広がり、落ち着いた雰囲気に。通さないタイプは陶製や木製、アルミ製などで、光が下方向に集中し陰影のあるムーディーな空間になります。生活するなかで視界に入る機会は多め。デザイン性を重視した、美しい照明を選ぶと良いでしょう。

Point
・光源が近いので、やわらかな光でもテーブルや手元を照らすことができる。
・照明によって空間が引き締まり、インテリアのアクセントに。
・目に入る機会が多いため、お気に入りのデザインを使うのがおすすめ。

ペンダント×リビング

リビングは頻繁に人が通る場所のため、ペンダントライトがあると、頭をぶつけることもあり邪魔になります。またリビングは「くつろぐための空間」ですので、目の高さに照明がないことで、より広い印象となりリラックス感がアップされます。

ダイニングにペンダント、リビングにシーリング

ダイニングテーブルの中央の真上に照明を配置する場合は、頭をぶつける心配がないので、ペンダントライトは低い位置に吊るせます。また低い位置に照明を配置することで食事の時はもちろん、勉強や仕事の際にも手元を明るく照らせます。

ペンダントライトの固定に便利な簡易フック

ペンダントライトをダイニングテーブルの中央に合わせて設置したくても、間取りや構造上の都合などで、ぴったりと希望の位置に合わせられない場合もあります。そんなときは、市販の天井用フックを使うのがおすすめ。天井に取り付けピースを固定し、フックをねじ込むだけで使用できます。メーカーによって、耐荷重が異なることがありますので、使用する照明の重さに合わせて選びましょう。

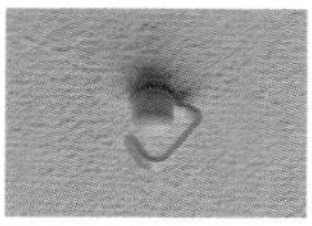

コードリールで照明の高さを自在にコントロール

ダイニングのメイン照明を設置する位置は、ダイニングテーブルの中央が適しています。ペンダントライト１灯で照らす場合は、テーブルの横幅の１／３程度のサイズのものを選ぶと、バランスが良くなります。設置の高さはテーブル上から60～80cmの位置を目安にしましょう。２灯もしくは３灯照明の場合は、テーブルの横幅の２／３程度に納まるサイズを選びましょう。この場合の設置の高さは、50～70cmを目安にします。

コードの長さは、買うときに適切な長さにカットしてもらいましょう。あとから調整したい場合は、コードリールを使うと便利です。

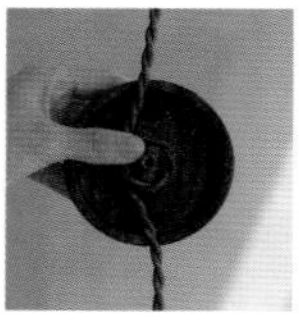

動画で解説！

PART

03

家具選びのセオリー

土台となる空間が整ったら、次は家具を揃えましょう。

単体として気に入った家具をバラバラに買い足しがちですが
素敵な空間のために大切なのは全体の調和。

そして、適切なサイズ選びも居心地の良さに直結します。

ここではそんな家具を揃えるためのセオリーを解説します。

トーンの合った家具を揃える

動画で解説！

トーンとカラーを揃えて落ち着きのある空間を作る

「面積の大きいインテリアはトーンを揃える（P32）」でも述べたように、家具やカーテン、ラグマットなどのアイテムを購入する際は、「お部屋のトーンの統一」と「色の組み合わせ」を考えることが大切です。例えばリビングの場合。まずはソファーやテーブルなど、大きな家具を選びます。そして、小さな家具を買い足す際には、大きな家具にトーンと色味を合わせるようにします。

もし1からすべての家具を買い揃えるなら、木製家具はできる限り同じ色味で揃えるのが理想です。北欧風の明るい雰囲気を作りたければナチュラルカラー、落ち着きのあるヴィンテージ風に寄せるなら、ブラウンカラーに統一すると、好みのスタイルにしやすくなるのです。しかし元から持っている家具があり、買い足しをする場合、まったく同じ木の色味の家具だけを選ぶのは、案外難しいもの。そんなときは色味ではなく、トーンを統一させることを意識します。具体的には明るさが大きく異ならなければ、空間の雰囲気が大きく乱れることはありません。

1から揃える場合

**まだ何も家具を持っていない場合は
すべての家具の色を統一するチャンス**

はじめての1人暮らしや、引っ越しのタイミングなどで家具を1から揃える場合は、できるだけすべての家具の色味を統一しましょう。ナチュラルならナチュラル、ブラウンならブラウンでカラーを統一することで、お部屋全体にまとまりを感じやすくなります。家具の色全体にまとまりが生まれることで、お部屋を彩るアートや照明などのインテリアや、クッションや小物などのアクセントアイテムで遊びの要素を取り入れやすくなります。

家具は1度買ったら長年使っていくものですが、ソファーならカバーやクッションでトレンド感を楽しむことができますし、ダイニングならば、テーブルの上の植物や食器などで季節を演出することができます。ですから、それらの土台となる家具は、ベーシックな色味で揃えるのが良いでしょう。

手持ちに合わせる場合

持っている家具に合わせる場合はトーンを揃えるか、無彩色を取り入れる

引っ越しの際や模様替えの際などに、すでに持っている家具を活かす場合も多いでしょう。例えば、ダイニングテーブルはそのまま使うけれど、収納家具を新しく買い足す場合などです。そんな時には、色味を完全に揃えなくても構いません。ナチュラルとブラウンなど異なる色味が混ざり合ってもうまくいくコツがあります。それがトーンです。ナチュラルヴィンテージ・スタイルの場合、暗めのトーンで統一することで（P34参照）、色味が異なっていても綺麗になじませることができます。

また、トーンを揃える以外にも、「無彩色の家具を選ぶ」という方法もあります（P35参照）。無彩色はほかの色に影響を与えづらい色なので、ナチュラルのテーブルに対して、ホワイトの収納棚を合わせることで、両者が綺麗になじむのです。

ソファーはシンプルなものに小物でアクセントを加える

動画で解説！

ソファー選びのポイントはシンプルで普遍的であること

ソファーはサイズの大きな家具であると同時にそこで過ごす時間も多く、リビングでもっとも存在感のある家具です。それだけにソファーを選ぶ際は、暮らす人の人数やライフスタイルに合わせ、慎重に検討したいもの。

「お部屋の主役なのだから、おしゃれで素敵なデザインのものが欲しい！」と思うかもしれません。しかしソファーは決して安価ではありません。長期間使い続けるためにも、シンプルなデザインを選びましょう。トレンドのものはデザインが特徴的なものが多く、その分早く飽きてしまいがち。またトレンドが過ぎれば、魅力が感じられなくなり、使うのがいやになることも。良質なソファーは一度購入したら10～20年は使用可能です。そしてその間に、トレンドは必ず変わっていきます。ソファー自体はシンプルで普遍的なものを選ぶのが、長く使うための大切なポイントなのです。

とはいえ、シンプルなデザインでは物足りない印象を受けるのも確か。その場合はクッションやブランケットなどのアイテムで、トレンド感を演出すると良いでしょう。

nice things.

クッションを3つ足す

アシンメトリーな配置が生む日本ならではのくつろぎ空間

クッションはコーディネートのアクセントとしての役割があり、素敵なお部屋を作るのに欠かせないアイテムです。ソファー周りを美しくコーディネートするには、クッションの数と配置の仕方がポイントになります。

まずクッションの数は、リラックス感が演出できる3つが正解。ヨーロッパでは古くから均整の取れたシンメトリーが美しいとされ、格式の高い建築物やインテリアは、必ず左右対称に造られています。しかし昔から日本人は、「床の間」に代表されるように、左右非対称な状態で絶妙なバランスが保たれていることに美しさを見出し、それが粋であると評価してきました。その意味でもクッションをアシンメトリーに置くと、自然と落ち着ける空間になるのです。せっかくのくつろぎの場所なので、アシンメトリーを取り入れてみましょう。

動画で解説！

2つ(シンメトリー)は整った印象に

クッション1つだと寂しい印象ですが、左右の端に1つずつ置くと華やかさが出ます。左右対称できれいにまとまりますが、整頓され過ぎた印象で緊張感が生まれてしまいます。

3つ(アシンメトリー)はこなれた印象に

さらにもうひとつ、左端のクッションの隣に3つ目のクッションを配置しました。これによって動きが演出されて緊張感が緩み、リラックス感のある空間になりました。

3つめでアクセントを

柄入り

並べたクッションのうち、1つを柄入りにしてさらに動きを演出。ソファー上がお部屋の見せ場のひとつとなり、物足りなかったコーディネートがワンランクアップします。

ミニサイズ

クッションのひとつを小さいサイズに変えることで「外し」になり、よりアシンメトリー感が強められます。

クッション3種のバランスがポイント

3つ目のクッションカバーは、他の2つと別の素材や色を使ってみるのもおすすめ。柄入りのものや厚手素材のもの、毛糸で編まれたものにするだけでお部屋の雰囲気が変わります。季節感が演出でき、手軽な模様替えを楽しむことができます。

クッションのサイズと用途

クッションは装飾的な役割だけでなく、機能的な役割もあります。サイズによって、使い方、使い心地が変わるので、お部屋での過ごし方を想像し、必要に応じてインテリアに取り入れていきましょう。もちろん組みわせて使うのもおすすめ。

45×45cm

小さめのソファーやベッドにも取り入れやすい、一般的なサイズ。読書時には肘の支えに、テレビを見るときなどに抱えれば体の支えになり、体の負担を軽減できます。枕とセットにしても邪魔にならないので、ベッド上に置いて背もたれとして使うのもおすすめ。

30×55cm

ちょっとした場所にも取り入れやすく、邪魔にならず使い勝手が良いのが特徴。腰にフィットしやすいサイズで、デスク作業時の腰当てとして役立ちます。ソファーの背もたれが低い場合は、簡易的な首当てにも。昼寝時の枕としても十分に使用できます。

60×60cm

首や肩までしっかり支える大きさがあり、ソファーでのうたた寝時に使用しても体が痛くなりません。パソコン作業時には、膝の上にクッションを置けば作業台に。両脇に腕を置くスペースが確保できるので、安定感は抜群。また、たくさん並べてクッションに埋もれるようにすると、包み込まれるような心地良さと安心感が得られます。

ブランケットをアクセントにしてソファーを彩る

**実用的なブランケットで
ソファーに彩りと快適さを**

シンプルな印象のソファーにアクセントを加えたい時の方法のひとつが、「ソファーにブランケットを1枚置く」ということ。インテリアの印象を変化させ、さらに実用品としても役立つブランケットを取り入れることは、まさに一石二鳥です。

ブランケットとは大判の布のこと。ブランケットを1枚ソファーにかけるだけで、ソファーに彩りを添えることができ、お部屋全体に華やかさが加わります。色や柄、素材のバリエーションはさまざまで、薄手から厚めのタイプまで種類も豊富。トレンドや季節に応じて使い分けて、お部屋のインテリアの変化を楽しみましょう。

ソファーにブランケットを置くことのもうひとつ良い点は、「実際に使える」ということです。

動画で解説！

シンプルなソファーのあしらいに

ブランケットはソファーにさっとかけておいても良いし、畳んでクッションと一緒に置いても良いでしょう。またソファー用だけでなく、ベッドスローとしても使えるので、いくつか持っていても損のないアイテムです。

ソファーでうたた寝も

ソファーに座ってテレビを見たり本を読んだりしているうちに、つい気持ち良くなりウトウト。しかしソファーでのうたた寝は風邪を引く原因にも。そんなときにブランケットがあれば、さっと広げて使えるので便利。

column

長く使える質の良いソファーを選ぶ

リビングの中心的存在となるソファーは、滞在時間も長くなることが多いため、暮らしの質に影響が大きく、また見た目の印象においてもインテリア全体に大きな影響を与えます。安価なソファーはすぐにダメになることも少なくないため、質の良いソファーを選ぶようにしましょう。

体に合う硬さのものを

ソファーは、包み込まれるようなやわらかな座り心地のものや、しっかりとした硬い座り心地のものなどさまざま。自分のライフスタイルや、体の状態などをプロに相談しながら、長く愛せるものを購入しましょう。

カバーが変えられるものを

ソファーとカバーには、本体と一体化した「張り込み型」と、カバーを取り外せる「カバーリング型」があります。長く清潔に使う意味でも、あとに見た目を一新できる意味でも、カバーリングがおすすめです。

木部が重くたわまないものを

フレームに使っている木の質は、そのままソファーの質に直結します。安価な木材を使っていたり、細い木を使っているものは、使っていくうちに折れてしまうことも。木部がしっかりとたわまないものを。

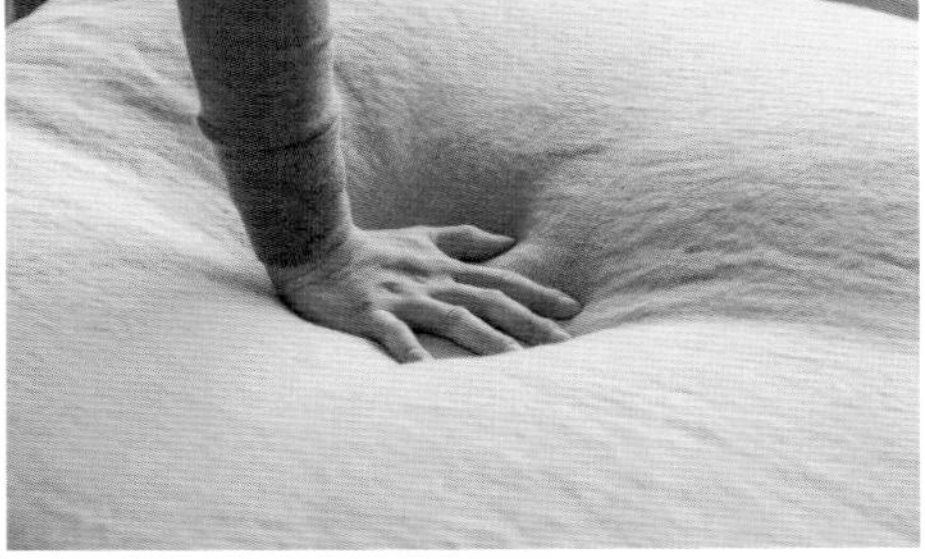

へたりにくいものを

安価なソファーは、ウレタンがへたりやすく、すぐに使い物にならなくなることも。密度の高いウレタンを使用していたり、フェザーを使っていたりと、長くへたらない質の良い素材を使ったものを選びましょう。

こなれたチェア選びは「ミックススタイル」

動画で解説！

動画で解説！

「ダイニングチェア」は揃えないスタイルでインテリア上級者のような空間作り

ダイニングチェアを取り入れるときのスタイリングは、すべて同じチェアで揃える「統一スタイリング」、異なるチェアをミックスする「ミックススタイリング」の2つが基本。これまで日本では、同じデザインのダイニングテーブルとチェアを合わせた、統一スタイリングが一般的でした。セットで揃えるとまとまった印象になり、コストも安価に。しかしインテリアとしては、味気なさを感じることもあります。

そこでおすすめしたいのが、「あえて揃えない」ミックススタイリングです。メリットは、インテリア上級者のようなこなれた印象のダイニングシーンが作れること。また、座り心地の異なるチェアを取り入れることで、コーヒーを飲むときには座面がやわらかなアームチェア、仕事や勉強をするときには座面が硬く、背もたれもしっかりしたチェアと、用途によって使い分けることも可能になります。異なるチェアの組み合わせは、バラバラとした印象になる危険性はありますが、コツさえ押さえれば大丈夫。統一感のある空間にするための、チェア選びのポイントを次ページよりご紹介します。

二脚ずつで揃える

2種類のチェアでレピテーション効果を狙う

ダイニングテーブルに4脚のチェアをセッティングする際、「同じデザインのチェア2脚×2種類」にする方法です。同じチェアが2脚並ぶことで、レピテーションという繰り返しの効果が得られ（P138参照）、1脚ずつのチェアを組み合わせた場合と比べ、揃った印象になります。同じシリーズ、もしくは同じデザイナーのチェアのなかで、アームなしとアームありをミックスしたり、チェアとベンチを組み合わせたり。ミックスさせながらも、ひとつの共通点を持たせることで、統一感のあるミックススタイリングが実現できます。

形を揃える

視覚的なばらつきを抑えて色や素材を遊ぶ

人はモノの形からイメージを感じ取ります。例えば、チェアのラインが曲線であれば「柔らかそう」、直線であれば「シャープで引き締まっている」など。そのため、まったく形の異なるチェアが並ぶと、それぞれの形から受ける印象が異なり、ばらつきを感じてしまいます。つまり、チェア同士の形を合わせることで、調和した印象が生まれます。「形」という共通点を持たせることができたら、あえて色や素材の異なるものを取り入れて、変化をつけるのもインテリアを楽しむひとつの方法です。

の質感を味わえるアイテムを「アクセント」として取り入れることをおすすめしています。「アクセント」とはインテリアのポイントのことで、コーディネートのバランスを取り、メリハリをつける役割があります。「アクセントカラー」と呼ばれる差し色を加える方法が一般的ですが、ナチュラルヴィンテージ・スタイルでは、素材感でアクセントをつけることで、空間を引き締めます。ダイニングチェアを選ぶ際にも、この方法を取り入れると、温かみとまとまりのあるダイニングを作れます。バラバラのチェアを取り入れるならば、木材、ラタン、籐などの「天然素材」を使い「色」を揃えることが大切なポイントになります。この2つのポイントを守って全体のトーンを統一できれば、チェアの「形」はバラバラでも問題ありません。

色を統一する

同じ色を繰り返して色のレピテーション効果を狙う

カラーバランスを考える際、あえて色味を揃えずに、アクセントカラーを楽しむ方法がありますが、1か所だけに色味の違うものを置くと、周囲から浮いてしまい唐突な印象を与えることも。それを解決するのが、同じ色を繰り返し使う「色のレピテーション」という方法です。例えばダイニングテーブルがナチュラルカラーであれば、チェアの2脚×2種類もすべてナチュラルカラーで統一します。色味が揃うことで全体的に統一感が生まれ、バラバラとした印象になるのを防ぐことができます。

素材を揃える

木の材質を揃えて異なる形のチェアをセレクト

ナチュラルヴィンテージ・スタイルらしさを演出するには、チェアの素材は、天然素材の木がおすすめ。ただひと言で木といっても、さまざまな種類があります。硬くて重厚、反りが少なく、耐水性・耐久性の高いオーク、水や湿気に強く、硬くて丈夫なチーク、白っぽくて質感がやわらかなビーチ、チョコレート色で高級感のあるウォールナットなど。同じ木種のチェア同士を合わせることで、統一感が生まれます。その結果、形が異なるチェア同士を組み合わせても、空間になじみやすくなります。

ポイントを抑えて「あえて揃えない」スタイルを楽しもう

ナチュラルヴィンテージ・スタイルの視点から、+αのテクニックをご紹介します。ナチュラルヴィンテージスタイルで、バラバラのチェアを取り入れるときには、「素材」と「質感」に着目します。

ナチュラルヴィンテージ・スタイルでは、素材

最適なテーブルサイズを知る

動画で解説！

動画で解説！

ダイニングまわりの基本動作と生活動線を理解する

ダイニングテーブルを購入する際に、知っておきたいのは、ダイニングまわりでの基本動作と生活動線です。ダイニングまわりは毎日食事をするために使用する空間であり、テーブルまわりの動線は、生活を快適にするためにとても重要。必要なスペースを理解することで、最適なダイニングテーブルやチェアを選べるようになります。

ダイニングでの基本動作は、「チェアを引き出す」「座る」「食事を運ぶ」の3つ。これらの動作に必要なサイズとして、チェアを引き出すときには後方に約60㎝、チェアに座ったときには後方に約50㎝、食事を運ぶ際に、約60㎝。つまりダイニングの幅が300㎝の場合、300㎝－180㎝＝120㎝となり、奥行120㎝までのダイニングテーブルが置ける計算になります。

思ったよりも小さなテーブルしか置けない場合はテーブルの大きさを優先するのもひとつの方法です。動線が少し狭くなりますが、人が座っているときは後ろを通らなければ、それほど不自由でない場合も。テーブル下に収納できるチェアを選べば、普段の動線としても問題なく使えます。

必要スペースから食卓を選ぶ

食事ができる最小サイズは1人あたり60cm×40cm

ダイニングスペースにおける生活動線のサイズが計算できたら、人数に合わせたダイニングテーブルの大きさを計算してみましょう。ダイニングテーブル選びのポイントは、食事をするときに必要な幅と奥行きです。食事に最低限必要なスペースの目安は、1人あたり幅60cm×奥行き40cmです。例えば2人が向かい合って座るダイニングであれば、幅60cm×奥行き80cm以上。4人の場合は幅120cm×奥行き80cmのスペースがあれば、不便なく使える計算になります。ダイニングスペースをコンパクトにまとめたい場合や、大人2人に子どもが2人という場合は幅120cm、スペースに余裕があり、大人4人でもっとゆったりと過ごしたいという場合は、幅140cm以上がおすすめです。

最小必要サイズ

食事に必要なサイズは60cm×40cm

1人あたり幅60cm×奥行き40cmは、普段無理なくダイニングテーブルを活用するために最低限確保したいサイズです。このサイズであれば、主食、汁物、副菜、飲み物という、基本的な食器を無理なく置くことができます。食事以外でもパソコンを開いたり、ノートや本を開いて勉強したりということも無理なく行えます。

4人だと120cm×80cmは最低必要

幅120×奥行き80cmの場合、4人がテーブルにつくと、隣に座る人との肩の距離は15～20cm。4人分の食事スペースを確保できますが、ミニマムなサイズといえます。小さめのダイニングルームや、ダイニングテーブルはコンパクトで構わないというライフスタイルを送る人に適しています。このサイズのテーブルに合わせるチェアは、アームレスタイプやベンチがおすすめ。

おすすめは少し大きめのサイズ

ゆとりを生む理想のサイズは1人あたり70cm×50cm

スペースに余裕があり、もっとゆったりと過ごしたいという場合は、1人あたり幅70cm×奥行き50cmで計算してみましょう。大人4人で使用する場合は、幅140cm×奥行き100cmとなります。これ以上のサイズのテーブルであれば、隣同士の方の距離は広くなり、肘掛けつきチェアを並べても、ゆったりと過ごせます。天板の広さにも余裕があるので、中央に鍋を置いたり、花を飾ったりすることができ、食事の楽しみ方が広がります。

お客様が来たときだけ広いテーブルがほしいという人は、伸長式のテーブルが便利です。また定番サイズでは合うサイズがない場合は、思いきってオーダーするのもひとつの手です。

ゆとりを生むサイズ

ゆとりを生むサイズは 70cm × 50cm

隣の人との間に空間のゆとりが生まれる理想のサイズは、1人あたり70cm × 50cm。ダイニングルームのスペースが許すなら、少し大きめのサイズを選んでみてください。花を飾ったり、照明を置いたりとダイニングでの楽しみも広がります。

4人でもゆったりな 140cm × 100cm 以上

1人あたり70cm × 50cmの法則をもとにダイニングテーブルを選ぶ場合、4人なら140cm × 100cmが理想のサイズ。食事だけでなく、勉強をしたり、みんなでゆっくりお酒を飲んだりと、ダイニングで過ごす時間が長いライフスタイルなら、余裕のある大きめサイズがおすすめです。

テーブルとチェアの差尺は26～30cmに

動画で解説！

適正な「差尺」を知って使い心地の良いダイニングに

食事やティータイム、仕事に勉強など、ダイニングチェアは、1日のなかで何度も使う家具。ダイニングチェアの使い勝手次第で、ダイニングの居心地が左右されると言えます。それだけに、買い替えや買い足しをする際は慎重に選びたいもの。ここではダイニングチェアを選ぶ際に、押さえておきたいポイントについて解説します。

ダイニングチェアを選ぶ上で起こりがちなのが、「テーブルとの高さが合わなかった」といった、サイズ面での問題。チェアとテーブルの高さが合わないと、座るたびに違和感を感じ、ストレスに繋がります。

ダイニングチェアを選ぶ際には、テーブルとの「差尺」を確認することが大切です。差尺とは、「テーブルの天板高」と「チェアの座面高」の垂直距離のことで、「差尺が26～30cm」の範囲内になる組み合せがおすすめです。差尺が大切な理由は、ダイニングの居心地の良さ、テーブルやチェアの使いやすさに大きく影響するからです。適正な距離が取れるテーブルとチェアを組み合せることで、食事や作業がしやすくなり、より居心地の良い空間が作れます。

差尺のちがいと座り心地

差尺が広すぎる

差尺が広すぎると、「テーブルが高すぎる」状態に。食事中は腕を上げたままの体勢が続いて、疲労感を覚えるようになります。圧迫感もあるため、食後の居心地も悪くなります。

差尺が狭すぎる

差尺が狭すぎると、「テーブルが低すぎる」状態になり、足元が窮屈になります。食事の際は、口元とテーブルの距離が遠くなり、とても不便。つい前屈みになり姿勢が悪くなります。

適切な差尺

食事や勉強などの際に、正しい姿勢で行うことができる距離です。差尺が適正の場合、足下の窮屈さはなくなり、テーブル上の圧迫感もありません。食事や作業もしやすくなります。

差尺26cmの組み合わせで圧迫感をなくしリラックス！

ダイニングのテーブルとチェアの適正な差尺は26～30cmで、標準的な差尺は30cmです。例えば天板の高さが70cmの場合は、70cmから26cmを引いて44cmとなるため、チェアの座面高は40～44cmとなります。とくにこだわりがない場合は、28～30cmの差尺内で選ぶようにしましょう。

差尺26cmの場合は、適正な高さの範囲内でありながら、テーブルがやや低めのため、圧迫感を感じることがありません。食後お酒を飲みながら長時間過ごすようなライフスタイルの方は、差尺26cmを基準にテーブルとチェアを選ぶことで、よりリラックスしたダイニングを作ることができます。

身長差あり

脚カットで身長差なし

身長差があるときは座面高をチェック

高身長の人と低身長の人では、それぞれの座高が大きく変わります。テーブルの天板高とチェアの座面高の適正な差尺26～30cmを基準にしながら、座面高の異なるチェアを取り入れるのがおすすめ。実際にインテリアショップで座り比べて、自分が快適と感じるものを購入するようにしましょう。ショップによっては脚カットのサービスもありますので、高身長の人はチェアの脚カットで高さをフィットさせるのも良いでしょう。

テーブルの脚間とチェアの幅もチェック！

「テーブルとチェアの高さが合わなかった」という問題とともに、よくある失敗が「テーブルの脚間にチェアが入らなかった」というもの。脚間とは「脚と脚の間の長さ」のことで、テーブルの下にチェアを収めるためには、テーブルの脚間がチェア幅よりも広くなければなりません。チェアが入らないと、テーブルからチェアがはみ出して動線の妨げになるため、設置スペースを広く取らないといけなくなります。購入時は高さだけでなく、必ずテーブルの脚間幅とチェア幅をチェックし、テーブルの下にチェアが収まるか試しましょう。ダイニングテーブルのサイズ毎の、最低限必要な脚間幅の目安は、2人掛けの場合は「チェアの幅＋10cm（出し入れのためのゆとり）」、4人掛けの場合は、「チェアの2脚分の幅＋15cm」。ちなみに一般的な4人掛けのダイニングセットの場合、「ダイニングテーブルの脚と脚の間－2脚分のチェア幅」は、20～30cmです。

なお「テーパー脚」など、ハの字型のデザインのチェアの場合、天板側と床側で脚間幅が

異なるため注意が必要。必ず天板側と床側、両方を計測しましょう。

もうひとつ計測しておきたいのが、チェアの肘掛けの高さ。肘掛け部分がテーブル下に収まる高さかどうか、確認する必要があります。天板下に「幕板」という補強板や引き出しがついているテーブルの場合は、アームレスタイプのチェアを合わせると安心です。

収納は見せる「2」隠す「8」で

動画で解説！

余計なノイズを排除して日々のストレスを解消

日々生活を送る家の中には、さまざまなモノが存在します。私たちは取捨選択をしながらモノを利用していますが、ふと気づくと部屋中にモノが溢れ、美しく作り上げた空間が台無しということも。そこで理解しておきたいのは、収納の「見せる2対隠す8の法則」。インテリアを美しく保つための「収納の基本」を知っておきましょう。

お部屋にあるアイテムには「見せたいモノ」と「見せたくないモノ」があります。見せたいモノは花瓶やアート、オブジェ、お気に入りの本など、インテリアとして美しい雑貨類。見せたくないものは、インテリアに合わない本や大量の洋服、バッグ、爪切りや薬などの小物、書類や郵便物といった生活用品の数々。どの家でも、インテリアとして美しいモノは全体の2割程度、美しくないモノは8割程度と言われ、この比率は「パレートの法則」と呼ばれます。

美しいインテリアを目指すには、「美しいモノは見せ」、「ノイズとなる美しくないモノは隠す」ことが大切。美しいモノだけが並ぶ空間を作り上げることで、インテリアが美しくまとまるのです。

見せる収納と隠す収納を分けて考える

美しい収納家具を利用する

私たちのまわりには美しくないけれど必要なモノがたくさんあります。それらは「隠す収納」にしましょう。隠す収納の代表はクローゼットですが、十分なサイズが確保できないこともあります。そんなときはキャビネットなどの家具で隠す収納を増やしましょう。扉のついた収納家具なら、インテリアのノイズとなる雑多なモノを隠すことができます。それ自体美しい家具なら、インテリアのポイントにもなります。

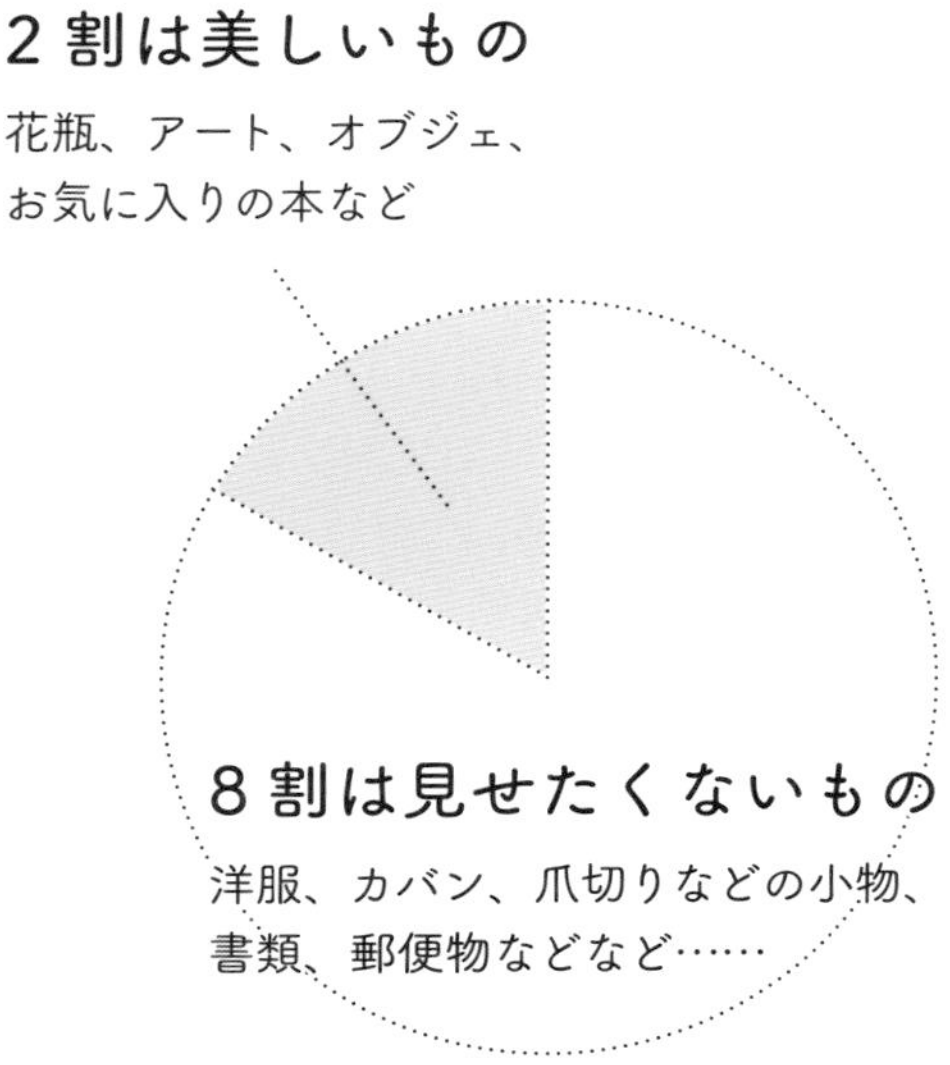

見せる収納

棚のみのシェルフなどは、ディスプレイ棚として美しいものを飾るのに適しています。

隠す収納を家具でプラスする

キャビネットなど扉のある収納は、見せたくないものの収納に適しています。

隠す収納の基本はクローゼット

広いクローゼットがあるお家では、そこに見せたくないものを収納するのが基本。足りない場合は家具で補います。

かごを使った死角収納を取り入れる

日々の片付けストレスは死角収納で激減！

「死角収納」とは、かごなどで死角となる場所を作り、収納するテクニックのこと。収納には扉のない「見せる収納」と、扉のついた「隠す収納」があります。死角収納はその中間のイメージで、半オープンの状態を保ちながら、雑然としない収納方法。例えばダイニングテーブルは、大きな面積を占める上に、毎日使う場所。つい生活用品や毎日届く郵便物などを「一時置き」しがちで、気づけばモノの溜まり場に。一時置き対策には死角収納がぴったり。やり方は簡単で「かごをうまく活用する」だけ。死角収納は出し入れがしやすいため、手軽に片付けできることが大きな利点。モノの収納場所が決まるため、モノが迷子になることもなく、家族で収納場所を共有しておけば、自然と全員が片付けができるようになります。なんだ、そんなことかと思うような方法ですが、効果は絶大で、片付けのストレスが大幅に削減できます。

動画で解説！

ティッシュケースやバッグなどで散らかってしまったダイニングテーブル。せっかく飾った花も美しく見えず、雰囲気は台無し。

オープン棚にかごを入れ、その中に散らかりがちなものを入れると、棚の天板が死角になり、半オープン状態の収納が完成。バッグなどは、死角になる場所にS字フックなどで吊るすと良いでしょう。扉つきの収納なら、棚の上にかごを置いて、その中に入れてしまうのもOK。かごに蓋がない場合は、布をかけておけば中身を隠せます。

外出から戻ったら、バッグも郵便物も決められた死角収納に片付ければ、ダイニングテーブルは常に美しい状態に。

「死角」という概念を上手に活用すれば、隠しづらいwifiルーターをアートの裏側に隠したり、本棚の後ろにコンセントタップを隠したりと、お部屋のノイズになりがちなアイテムをカバーすることが可能。死角収納の概念を応用し、いろいろな場所で使ってみましょう。

ベッドはイメージより ひとつ大きいサイズを

動画で解説！

良質で快適な睡眠を取るために 最適なサイズのベッドをセレクト

毎日良質な睡眠を取ることは、私たちの健康に大きな影響を与えます。ベッドを購入する際は、ベッドマットや布団の材質だけでなく、サイズ選びも大切な要素。「1人で寝るならシングル、2人ならダブルでは？」と思うかもしれません。実はこのイメージ通りのサイズを選ぶと、思ったより窮屈に感じる人が多いのです。そのため寝室のスペースに余裕があるなら、イメージよりひとつ大きいサイズを選ぶのがおすすめ。最適なベッドを選び、ぐっすり寝られる環境を整えましょう。

次に寝具カバーを選びます。寝具にはベッドシーツ、枕カバー、掛け布団カバーの3つが必要です。これらのカバーの色が揃えば、お部屋に統一感が出て、清潔感もアップします。ベッドは寝室のなかで大きく存在感があります。寝具そのものはもちろん、カバー選びも慎重に行いましょう。また、枕は数を多めに置いたり、クッションを組み合わせたりすると高級ホテルのような雰囲気が演出できおすすめです。

一般的なベッドサイズ

大人にはシングルよりもセミダブル以上がおすすめ！

一般的に人が寝転んだ時の肩幅は、男性が約60cm、女性が約50cmと言われています。そして睡眠中に寝返りを打つには、左右それぞれに約20cmのスペースが必要です。つまり男性に必要なベッド幅は最低でも100cm、女性は90cmとなり、これはちょうどシングルの幅と同じです。もし寝室のスペースに余裕があれば、男性・女性ともにセミダブルを選ぶとより快適に眠ることができます。

2人で寝る場合は、ワイドキングサイズを採用すると、ゆったりとくつろいで眠れます。2つのシングルベッドをぴったりと並べている状態のため、1人が動いても片方に振動が伝わりづらいのが大きな利点。マットレスの隙間が気になる場合は、マットレス用の隙間パッドを導入すると良いでしょう。子どもが小さいうちはワイドキングサイズにして家族全員で使い、子どもが大きくなったら、子供用のシングルベッドとして独立させることも可能。結果的に長期間使用できるようになります。

セミダブル 120cm

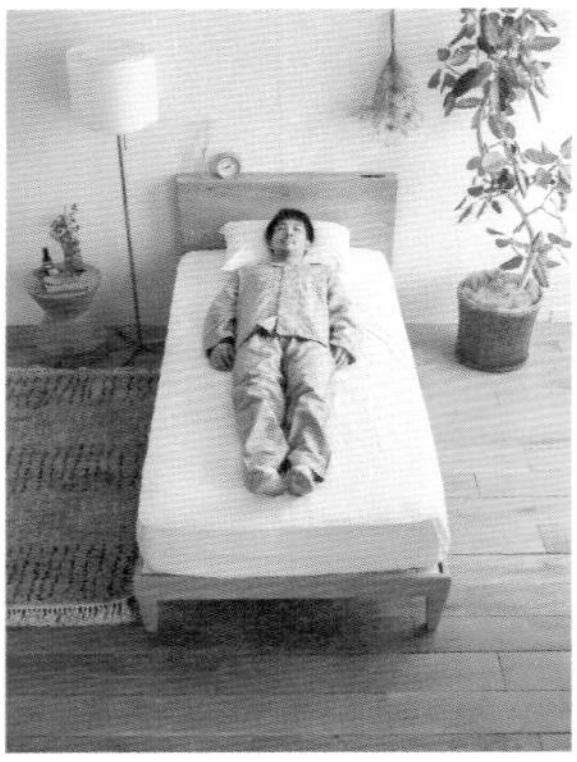
シングル 100cm

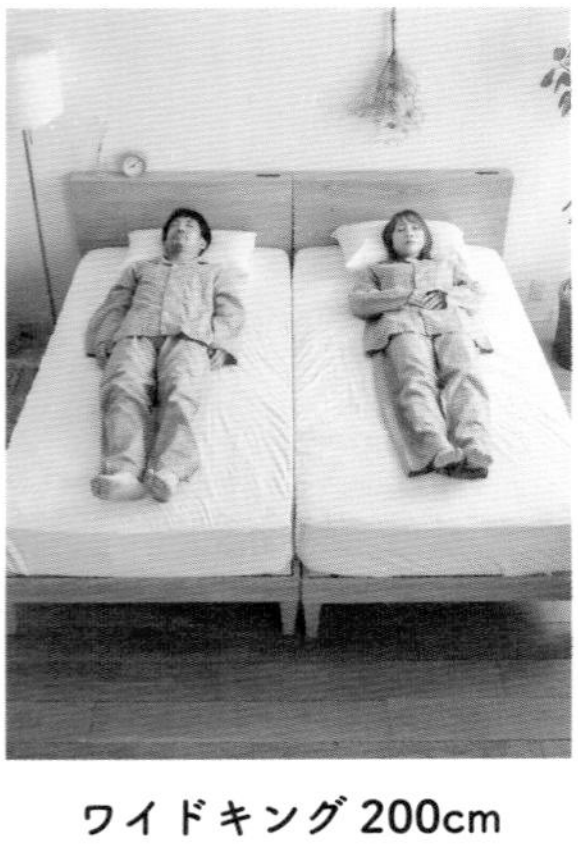
ワイドキング 200cm

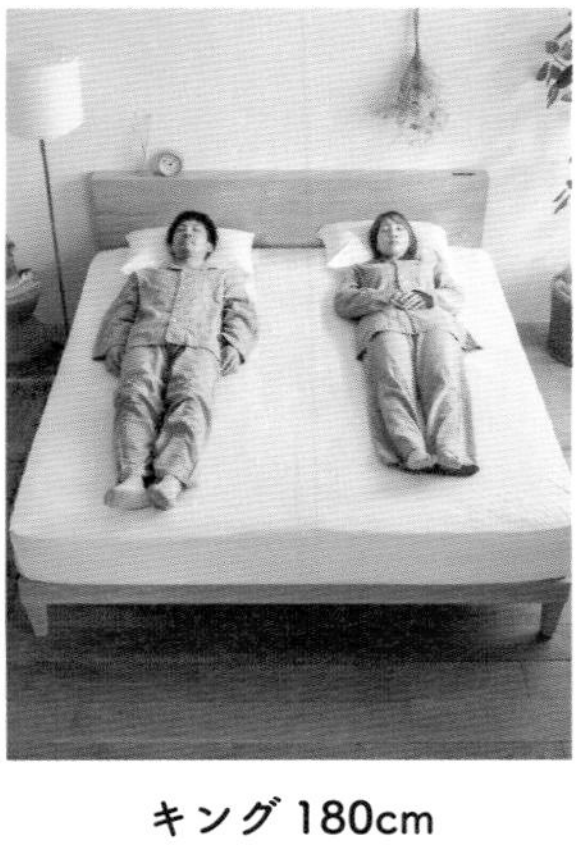
キング 180cm

クイーン 160cm

ダブル 140cm

シングルの幅は100cm、セミダブルは120cm、ダブルは140cmと、名称が変わるごとに20cmずつ幅が大きくなっていきます。シングルサイズは男性・女性ともに狭く感じられますので、お部屋が小さい場合や小柄な人におすすめ。

寝返りを考えて、ひとつ大きなサイズを

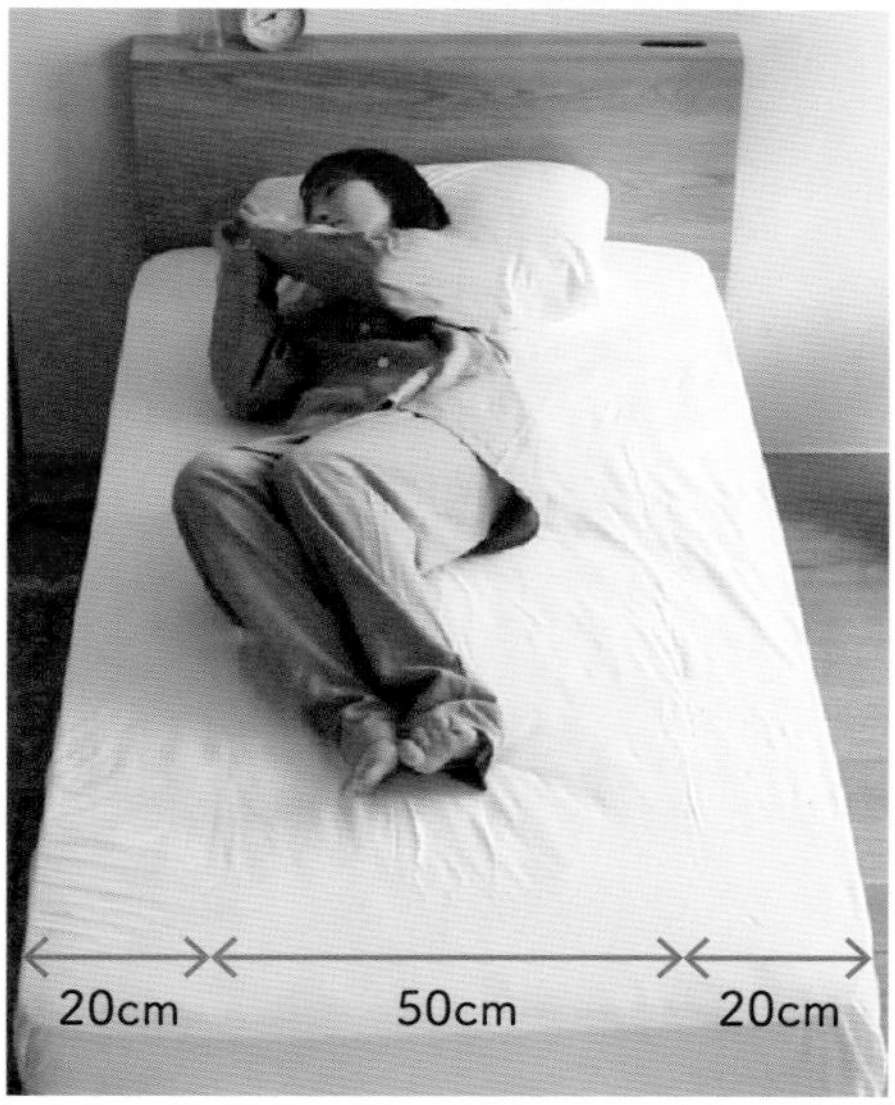

女性が寝る場合に最低限必要なスペースは、左右の寝返りスペース 20cm × 2 ＋肩幅 50cm ＝合計 90cm。女性の方が小柄な分、全体的にゆとりがあります。

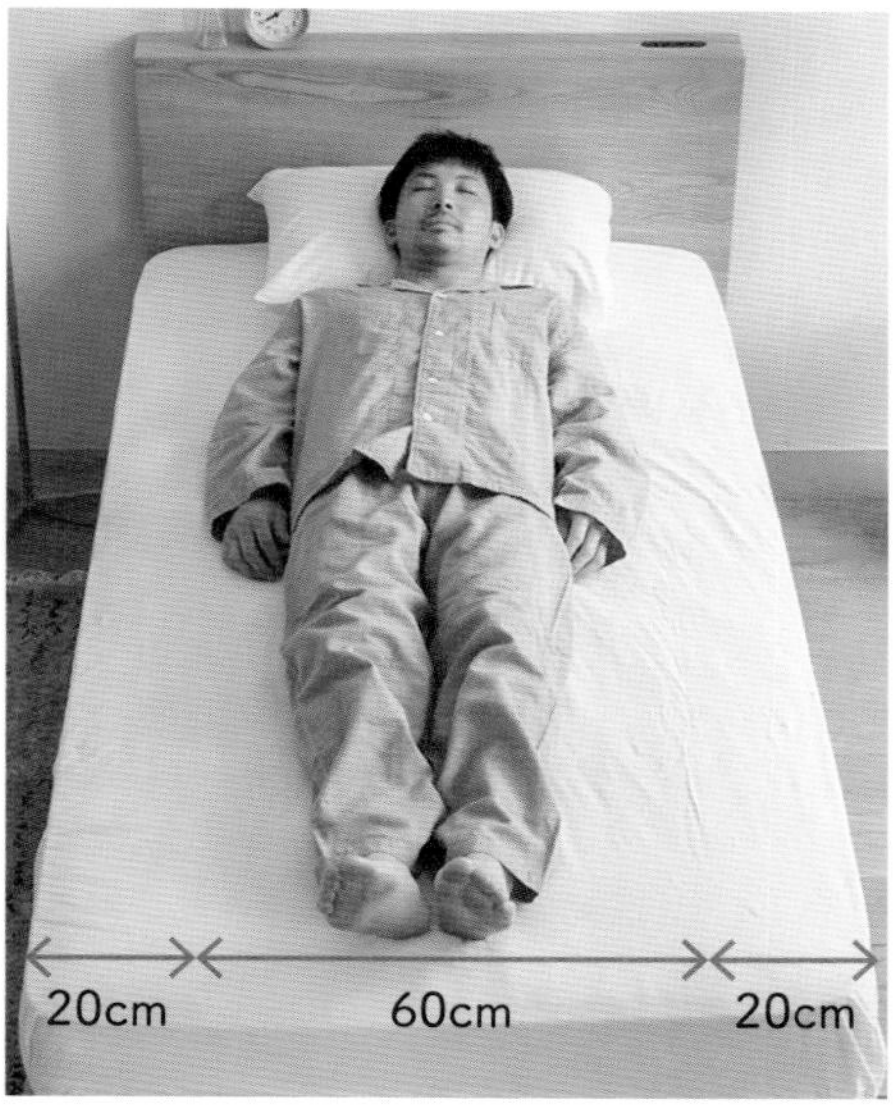

男性１人が寝る場合に最低限必要なサイズは、左右の寝返りスペース 20cm × 2 ＋肩幅 60cm ＝合計 100cm。数値としてはシングルベッドがぴったりですが、左右 20cm ずつの寝返りスペースは男性にはかなり窮屈。

１人で寝る場合

寝返りスペースを 30cm にすると、男性は左右の寝返りスペース 30cm × 2 ＋肩幅 60cm ＝合計 120cm。女性は左右の寝返りスペース 30cm × 2 ＋肩幅 50cm ＝合計 110cm。寝返りスペースとして左右 30cm ずつ取れるセミダブルを選ぶと、男女ともに、左右に余裕が出ます。

２人で寝る場合

男性の最低限必要なスペースは 100cm、女性 90cm、２人の間のスペース 20cm を共有すると考えると、最低限 170cm の幅が必要です。２人で寝るならクイーンからキングサイズが適しています。寝返りスペースを 30cm とした場合は男性 120cm、女性 110cm で、必要な幅は 200cm となります。これはシングルサイズを２つ並べたワイドキングサイズ。このサイズが採用できれば、さらにゆったり眠ることができます。

column

木製家具の種類を知る

動画で解説！

風合いある無垢材から安価なプリントまで用途に合わせて使い分ける

木製家具は大きく分けて、無垢材家具、突板家具、プリント家具の3種があります。それぞれの違いを知っておけば、家具の価値や質の違いが理解でき、家具選びがより楽しくなります。3種のなかでもっとも価格が高くなるのは無垢材家具。次いで突板家具、プリント家具の順番で下がります。風合いも同様で、無垢材はもっとも高く、プリント家具はもっとも低くなります。それぞれにメリットとデメリットがあるため、用途に合わせて選びましょう。

ちなみにそれぞれの素材は組み合わせて使われることもあります。例えばダイニングテーブルでは、天板に突板、脚などの土台部分に無垢材が使われることも。天板に突板を使うと、無垢材で起こりがちな反りを避けることができます。また、無垢材であれば経年変化を楽しめると思われがちですが、一概にそうとは言えません。経年変化を楽しむには、仕上げ塗装が重要なポイント。オイル塗装であれば経年変化を楽しめますが、ウレタン塗装の場合は経年変化が起こりません。

無垢材とは

無垢材とは木そのもののこと。森で育った木を切って削り、製材してできる無垢材を使って作られた家具を無垢材家具と言います。素材が純粋に木であるため、重厚感があり頑丈。木本来の力強さを感じられるものが多いため、たくさんの家具好きに愛されています。一度購入すれば何十年というスパンで愛用できます。つまり無垢材は一生ものの家具と言えます。無垢材家具には木からそのまま削り出した1枚板を使用したものもありますが、1枚板は太く大きな丸太が必要なため、とても高額です。細長い板を合わせた接ぎ板、短い板を合わせた集成材などもあります。

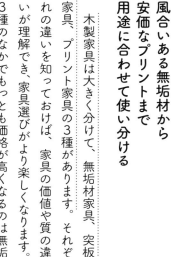

突板とは

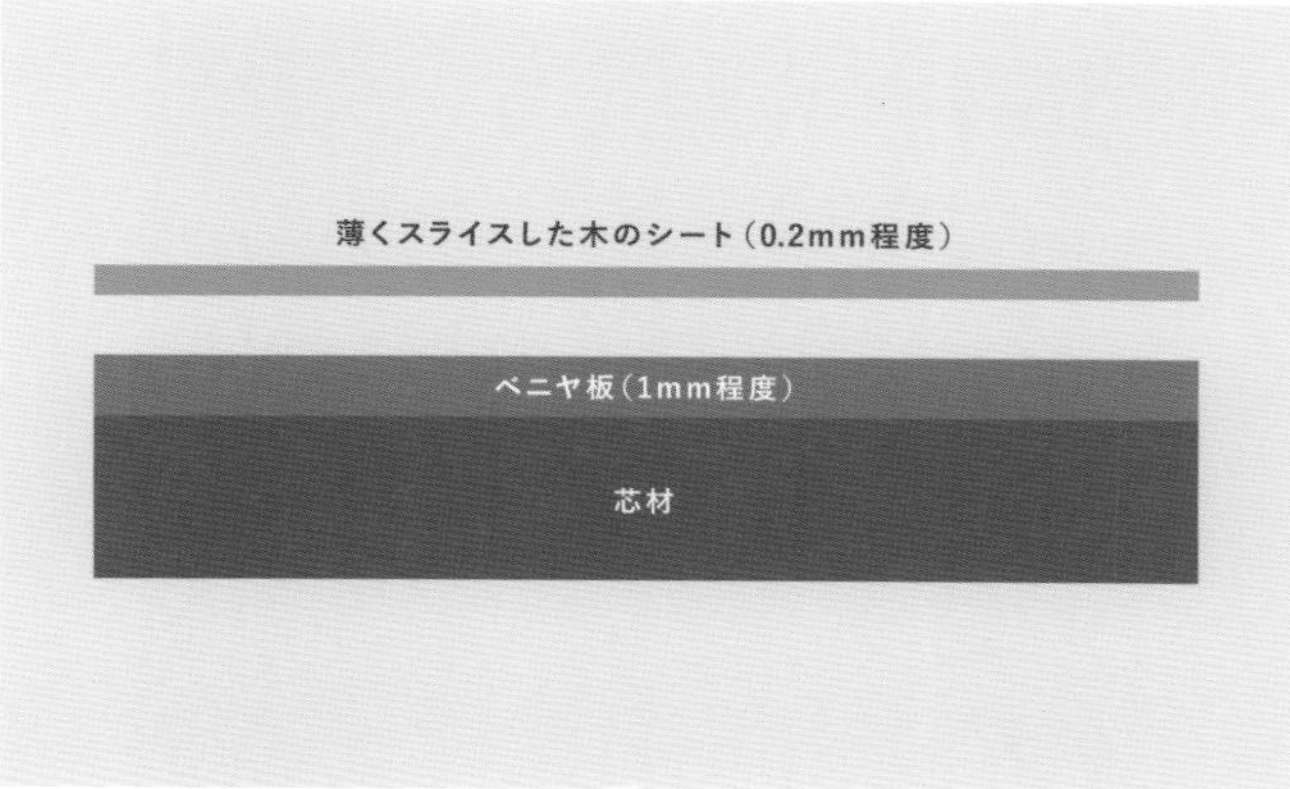

突板とは、ごく薄くスライスした木のシートをベニヤ板などに貼り付けたもの。表面は木そのものですが、家具の土台となる部分は、合成木材などで作られた芯材が使われます。表面に出る部分は木そのものなので風合いもあり、一見無垢材家具との見分けはつきません。価格は無垢材家具の半額程度と抑えめ。北欧のヴィンテージ家具には突板家具が多く、昔の突板シートは1～2mmと厚めだったことから、単板家具とも呼ばれます。無垢材家具に比べ、耐用年数が短いと思われがちですが、50年以上前に作られたヴィンテージ家具も多数あります。

プリントとは

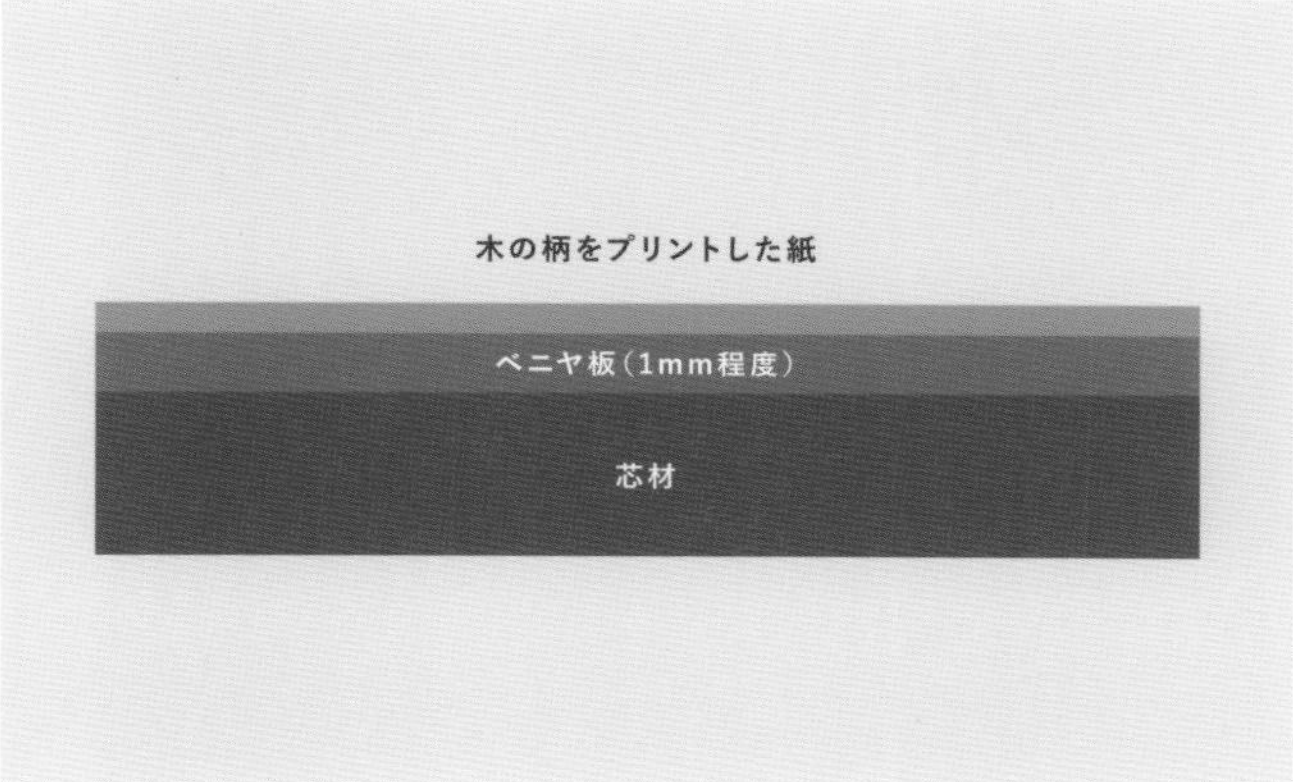

スライスした木のシートの部分を、木の柄のプリントを施した紙に変えたものです。木製家具のような風合いはありませんが、価格がとても安価なのが特徴。プリント技術は年々向上しているので、最近では一見すると突板家具と見分けがつきづらいものも登場しています。耐用年数は短めで、劣化をさせないための塗装をするため、安っぽい印象になりがち。安さが1番の魅力であり、フォーカルポイントなど、お部屋の主役には不向きです。

	価格	使用年数	風合い	経年変化
無垢材家具	高い	長い	豊か	オイル塗装の場合、風合いが増す
突板家具	中くらい	中くらい	中くらい	劣化をさせないための塗装が一般的
プリント家具	安い	短い	安っぽい	劣化をさせないための塗装が一般的

PART

04

装飾のセオリー

家具が整ったら、小物でお部屋にアクセントを加えましょう。
古びたもの、経年変化するもの、織ったものや編んだもの。
植物など自然のもの、人の手仕事の跡が感じられるもの。

どんなものを選ぶかは、あなたらしい空間作りにつながります。

また小物のディスプレイ方法や組み合わせ方のセオリーも解説します。

アクセントアイテムで彩りを加える

動画で解説！

アクセントアイテムで楽しむ理想の空間作り

シンプルできれいに整っているのに、味気なく、個性が感じられない。インテリア初心者が作るお部屋に、そんな印象を抱いてしまいがちなのは、明確な理由があります。それは素材や質感が短調でリズムがなく、見どころがわかりづらいから。

このようなお部屋をセンスアップさせるには、お部屋の中でポイントとなる場所に変化をつけ、見どころを作りましょう。アクセントを加えてイメージチェンジするのです。

この課題をクリアするため、ナチュラルヴィンテージ・スタイルのインテリアでは、「アクセントアイテム」を使うことをおすすめします。アクセントアイテムとは、お部屋のアクセントとなる雑貨や小物などのこと。具体的には、古びた趣のあるヴィンテージものや、時間とともに表情が変化するもの、織ったものや編んだもの、自然素材のもの、人の手作業の跡が感じられるものなどです。家具のように大きなものではなく、小さなアイテムが多いため、自分なりにお気に入りを探し、買い足してお部屋に置いておくことができます。長い時間をかけ、少しずつお部屋を完成させる楽しみもあります。

色ではなく、質感と味わいでアクセントを作る

△アクセントカラーを用いた手法

白やベージュで統一されたお部屋にブランケットの鮮やかなイエローをプラス。アクセントカラーでお部屋の単調な印象を変化させ、見どころを作ります。

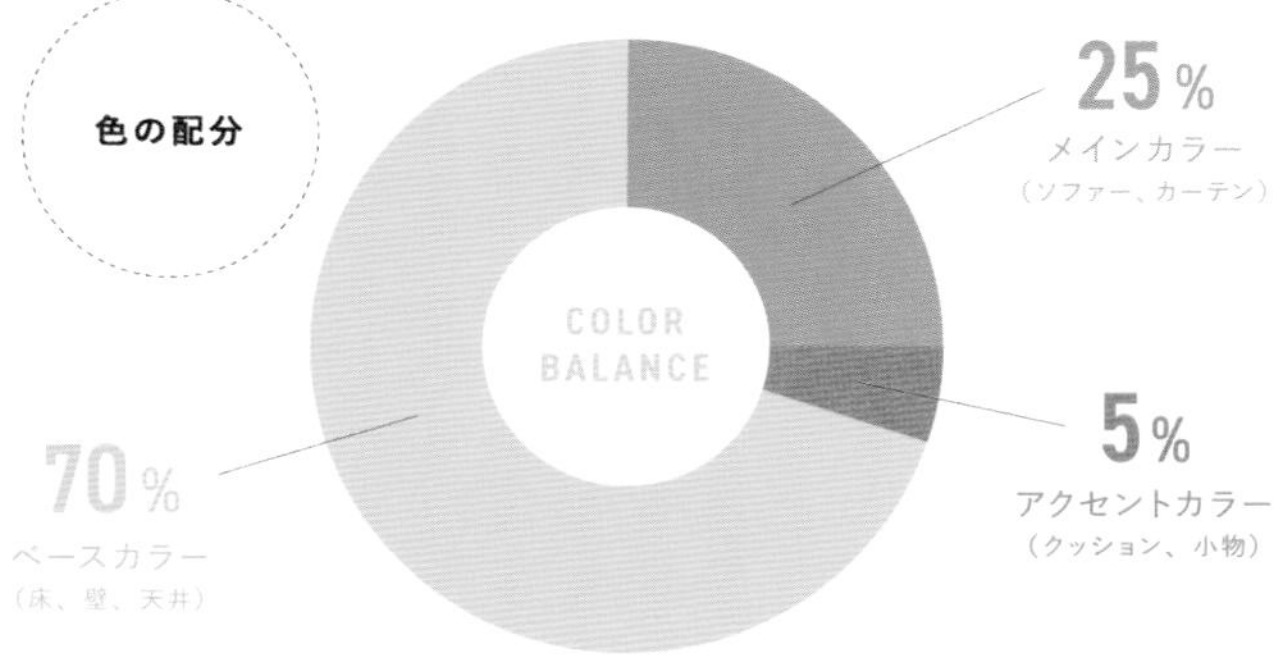

◯アクセントアイテムを用いた手法

白い壁に茶系の家具、無彩色のラグマットで空間のベースを作ります。トーンを合わせた家具やインテリアで揃えることで、この時点では物足りない印象を感じるでしょう。

素材感のある小物、アート、植物を繰り返し配置することでアクセント要素が加わり、物足りなさが解消されました。

趣ある雑貨や小物で落ち着き感と彩りをプラス

インテリアの「配色の基本」に「7：2.5：0.5」という数値があります。これは「配色の黄金比率」と呼ばれ、床や壁、天井に使う色を「ベースカラー70%」、ソファーやカーテンなどに使う色を「メインカラー25%」、目を惹くために小物に使う色を「アクセントカラー5%」と定義しています。ベースとメインのカラーでお部屋全体を整え、5%の鮮やかな色、もしくはお部屋のトーンとは異なる色でアクセントを加える方法です。

しかしながら、ナチュラルヴィンテージ・スタイルでは、あえてアクセントカラーは使用しません。アクセントカラーには、見た目を引き締める効果がありますが、そこに注目を集めすぎるため、調和や落ち着きを感じづらくなってしまうからです。代わりにアクセントの役割を果たすのが、「アクセントアイテム」。カラーでアクセントをつけるのではなく、質感でアクセントを取り入れようというアプローチです。

アクセントアイテムは、5種類から構成

①古びた趣のあるもの（P108へ）

経年変化し深い色合いとなった木製家具や雑貨、色あせたアートは、それぞれに深い歴史を感じさせます。新しいお部屋に古いものの素材感が加わると、良いアクセントになります。

②時間とともに表情が変化するもの（P112へ）

レザーや真鍮製のものは、空間に温もりだけでなく、上質さをプラスします。また経年変化によって、自分だけの色合いに育っていくのも大きな魅力。毎日使うたびに愛着が湧くアイテムです。

③織ったもの／編んだもの（P116へ）

ファブリックアイテムやクッションなど。リネンや綿などのファブリックは、まわりの家具と調和し、素材自体の風合いも感じることができます。寒々しい印象だった空間に温かみが加わります。

④自然素材（P120へ）

植物やドライフラワー、ガラス製品やラタン製品など。人工物にはない、自然そのものの形状が楽しめます。短調な印象のお部屋を変化させ、見どころを作ってくれます。

⑤手作業の跡が感じられるもの（P126へ）

陶器で作られた食器や器、1枚1枚描かれるアート作品、ラタンのかごなど。人の手作業を感じさせるアイテムは、機械では出せない温もりと味わい深さをお部屋にもたらします。

アクセントアイテム①

古びた趣のあるもので深みを与える

動画で解説！

同じものはひとつとして存在しないアンティークアイテムの魅力

欧米では、ソファーやテーブル、照明といった家具や、生活に必要なさまざまなアイテムを、子どもや孫に引き継いでいくことが、ごく普通に行われているそうです。そのため、若者たちが1人暮らしを始める時も、家具に困るようなことはそれほど多くないのだとか。古いものを捨てずに代々受け継ぎ、大切にする。ときに壊れたり不具合が起きたりしても、修繕してまた使い続ける。それはとても素敵な文化だと思いませんか？

古い雑貨や家具、アートなど、ヴィンテージやアンティークのアイテムは、同じものはひとつとして存在しません。かつて誰かが使い、長い年月を経て、またものによっては海を超えて人から人へと渡り、新たな持ち主の元にたどり着きます。長い年月を経たことによる風合い、キズや汚れは、そのものの歴史であり魅力です。真新しいお部屋に古いものを加えると、空間に温かみが加わり、そのものが持つ素材感が良いアクセントになります。

心地いいわが家のつくり方
01
インテリアの基本
北欧式インテリア・スタイリングの法則
1000%の建築
谷尻 誠
自宅オフィスのととのえ方
自分軸のインテリア
道具の足跡

アンティークの力を借りる

心惹かれるものたちを生活のなかに取り入れる

ヴィンテージの置物や、アート、家具や陶器など、古いアイテムにはそれぞれに趣があり、魅力があります。小ぶりなアイテムであっても、お部屋のアクセントとして、力強さを発揮しますので、ぜひ取り入れてみましょう。

心惹かれるものを手に入れたときに、お部屋にあるものとの組み合わせや置き場所、使い道を考えるのも楽しいものです。古いアイテムは、置物や飾り物だけでなく、実用性の高いものもたくさんあります。ガラスの小瓶や容器であれば、キッチンの食材や、お茶、ハーブを入れたり、曲げわっぱやラタン、木製の入れ物は、文房具や書類など、生活感が出てしまいがちな雑貨を入れたりすると良いですね。

column

動画で解説！　動画で解説！

蚤の市に行こう

蚤の市は「宝の山」たくさんのモノとの出会いを楽しむ

ヴィンテージアイテムを手に入れるためには、骨董店やアンティークショップ、ネットショップなどを利用する方法がありますが、「蚤の市」や「骨董市」を利用するのもおすすめ。蚤の市や骨董市は全国各所で開催され、30店規模から多いところでは300店近くが出店します。

蚤の市は、物探しだけでなくお店の人との会話も楽しみのひとつ。品物の歴史や背景を説明してもらったり、ときには値段の交渉をしてみたり。蚤の市に通い続けると、自分がどんなものを好むかが分かるようになり、お気に入りのお店も見つけることができます。

たくさんのヴィンテージアイテムから、何か素敵なものはないかと探すときのワクワク感、自分だけの宝物を見つけた時のときめきを知ってしまった人は、もう蚤の市の虜。素敵なヴィンテージアイテムと出会うために、ちょっぴり早起きして出かけてみませんか。

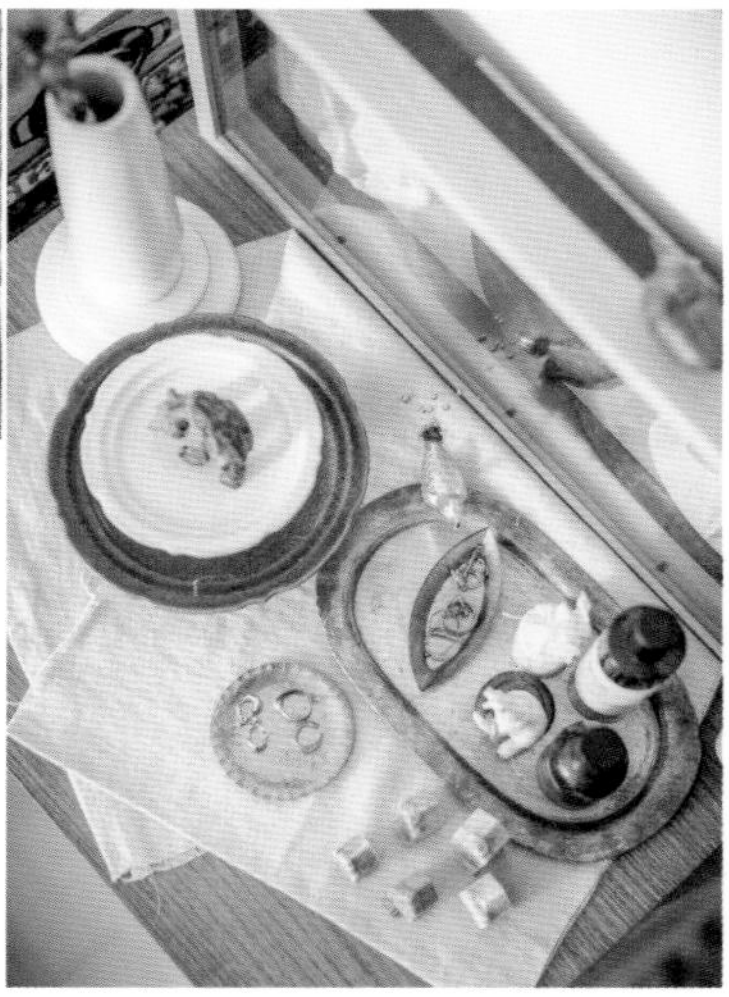

〈リセノスタッフおすすめの蚤の市〉

東京　東京蚤の市／国営昭和記念公園（開催場所は変更あり）／5月と11月の年2回、各3日間ほど開催

京都　平安蚤の市／岡崎公園（京都市左京区岡崎最勝寺町他）／毎月ほぼ10日開催

福岡　護国神社 蚤の市（福岡市中央区六本松 1-1-1 護国神社参道）／不定期開催

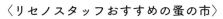

アクセントアイテム②

時間とともに表情が変化するものを育てる

動画で解説！

使っていくうちに表情が変わっていく様子を楽しむ

真鍮がもつ、落ち着きのあるゴールドカラーや、銅の赤褐色、レザー製品の使い込まれた素材感は、ナチュラルヴィンテージ・スタイルのインテリアとの相性が抜群です。

真鍮は銅と亜鉛の合金で、「黄銅鋼」とも呼ばれます。比較的安価ですが、耐食性に優れ加工がしやすい金属。日用品やアクセサリー、機械器具など、幅広い製品に用いられます。新しい真鍮は輝きのある金色ですが、時間の経過で哀愁のあるアンティーク風の色味に育ち、味わいのある表情に。

銅は調理器具などの製品に加工されます。真鍮同様、時とともに渋い風合いへと変化。キッチンに置いておくだけで絵になります。

レザー製品には、牛革、豚革、羊革、鹿革などが使われますが、鞣《なめ》し方によって風合いが変化します。「鞣し」とは、毛や汚れを落とし、皮をやわらかくする技術のこと。植物性の化合物を利用するタンニン鞣し、化学薬品を使うクロム鞣し、タンニン鞣しと油鞣しの2つを掛け合わせた、クロムフリー鞣しがあります。クロムフリー鞣しは国内のタンナーによって開発された技術で、適度にやわらかさのある仕上がりが特徴です。

経年変化を楽しむ

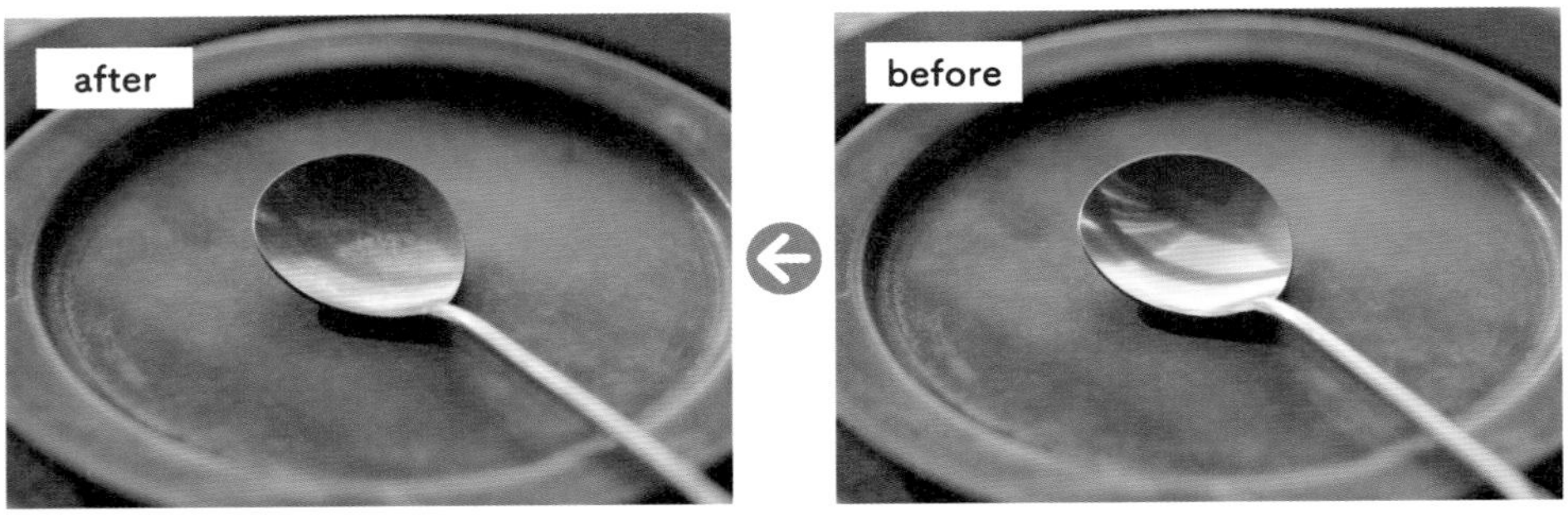

つややかだった真鍮のカトラリーも、使い込み時間が過ぎていくなかで落ち着いた風合いに。

革をはったスツールや、革のスリッパ、真鍮の小皿などは取り入れやすいアイテムです。

お手入れをしながら使い込み自分だけの風合いを育てる

真鍮製のアイテムは、スプーンやフォークなどのカトラリーをはじめ、アクセサリーやキーを入れるトレイ、ドアノブ、家具の取っ手、財布やキーホルダーのボタンなど多岐に渡ります。銅は熱が通りやすい性質があり、鍋などの調理器具、ポットなどのほか、カトラリー、カップ、タンブラーなどに加工されます。真鍮も銅も、新しいものは輝きが強いのですが、経年変化によって深い色合いへと変化し、風合いも増していきます。

レザー製品といえば、ソファーやクッションのカバーなど大きめのものから、財布やキーケース、ティッシュケース、ルームシューズなどさまざま。レザー製品は使い込むほどに柔らかくなって人の手になじみ、どんどん愛着が湧きます。もちろん、ナチュラルヴィンテージ・スタイルのインテリアにすんなりと溶け込みます。温もりとともに上質さを与えてくれる、魅力的なアイテムを取り入れたら、お手入れをしながら使い込み、自分だけの風合いを育てて楽しみましょう。

column

しっかりお手入れして長く使う

真鍮やレザーは、使い込むほどに風合いが増しますが、真鍮はサビや黒ずみが出ることがあり、レザーはひび割れなどの劣化が起こることも。それぞれに適したお手入れをすることで、長持ちさせることができます。

動画で解説！

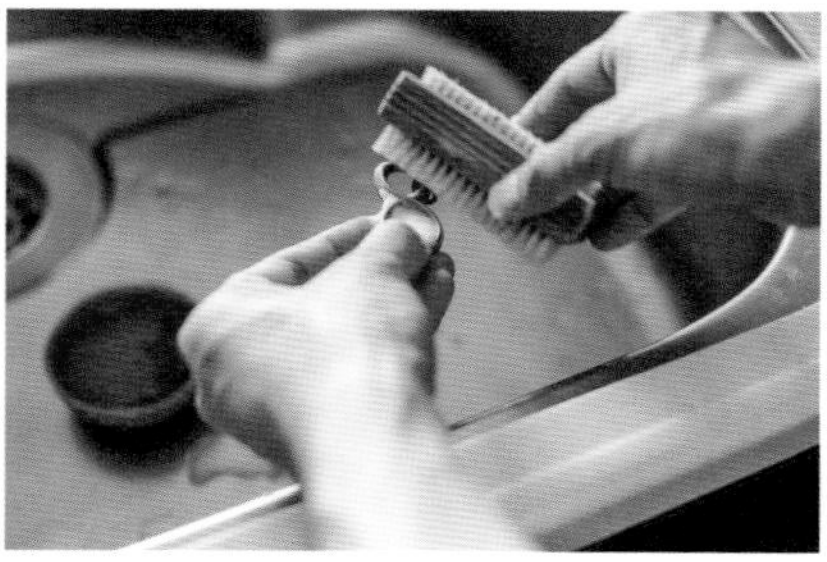

真鍮のお手入れ方法

アイテムが浸るくらいの酢、酢を入れる容器、中性洗剤、ブラシ、ツヤ出しクロスを用意。磨きたい真鍮アイテムを容器の中に入れ、アイテムが浸るまで酢を注ぎ入れます。２～５分そのまま置いたら、水で酢を洗い流し、ブラシに中性洗剤をつけてやさしく磨きます。磨き終えたら中性洗剤を洗い流し、タオルで水気を拭き取ります。市販のツヤ出しクロスで磨くとツヤが出ます。

レザーのお手入れ方法

レザー専用のクリーナーにはさまざまなタイプがあります。おすすめは溶剤が入っていない水性タイプ。レザーにやさしく、表面加工されたものでもダメージを与えずに、しっかり洗浄できます。ホコリなどを掃除機で吸い取り、クリーナーをスポンジに染み込ませて軽く揉んで泡だてます。汚れた箇所をやさしく泡で洗い、きれいな布巾で拭き取ります。表面を保護するために、プロテクションクリームを塗り込み、自然乾燥させたら終了です。

アクセントアイテム③

織ったもの編んだもので表情を与える

動画で解説！

動画で解説！

ベッドやソファーなどのくつろぎスペースに温かみをプラス

ラグマットやブランケット、クッションなどのファブリックアイテムは、お部屋に温かみやくつろぎ感をプラスしてくれる重要な存在。ナチュラルヴィンテージ・スタイルのインテリアには、リネンや綿、ウールといった天然素材で作られたファブリックがよく似合います。なかでも、デコボコとした織り感のあるものや太めの糸でざっくりと編まれたものなどは、人の手作業ならではの温かみが感じられ、心を豊かにしてくれます。

シンプルなデザインのものであれば、飽きることがなく長期間使えます。またお部屋とトーンの合う色合いを選べば、まわりの家具としっかり調和しながら、素材自体の風合いがぐっと引き立ちます。お部屋の中が素っ気なくて寒々しい印象だと感じたら、インテリアになじむファブリックアイテムを取り入れて、空間を素敵に仕上げましょう。

省スペースにお住まいの方やお部屋にあまり日が入らない方は、空間を広く明るく見せてくれるベージュやライトグレーカラーでファブリックを揃えると良いでしょう。

布の風合いがアクセントに

風合いのある織り柄や編み模様でアクセントをつける

リビングにファブリックアイテムを取り入れるなら、まずはソファーの上に織り感のあるクッションを置いてみましょう。ソファーはお部屋の中心的存在なので、そこにアクセントアイテムを取り入れることで、お部屋に味わいをプラスすることができます。さらに床には織り感のあるラグマットを。ラグマットはお部屋の中で大きな面積を占めるので、柄入りであっても色合いはおさえめで、シンプルな柄のものを選ぶのがポイントです。

また、ワンルームに暮らす人に特におすすめなのが、ベッドにブランケットをかけることです。ワンルームの場合、ベッドの存在感がとても大きく感じます。この広い面積に織り感のあるブランケットを取り入れることで、生活感を抑えながら、お部屋の雰囲気も素敵になります。

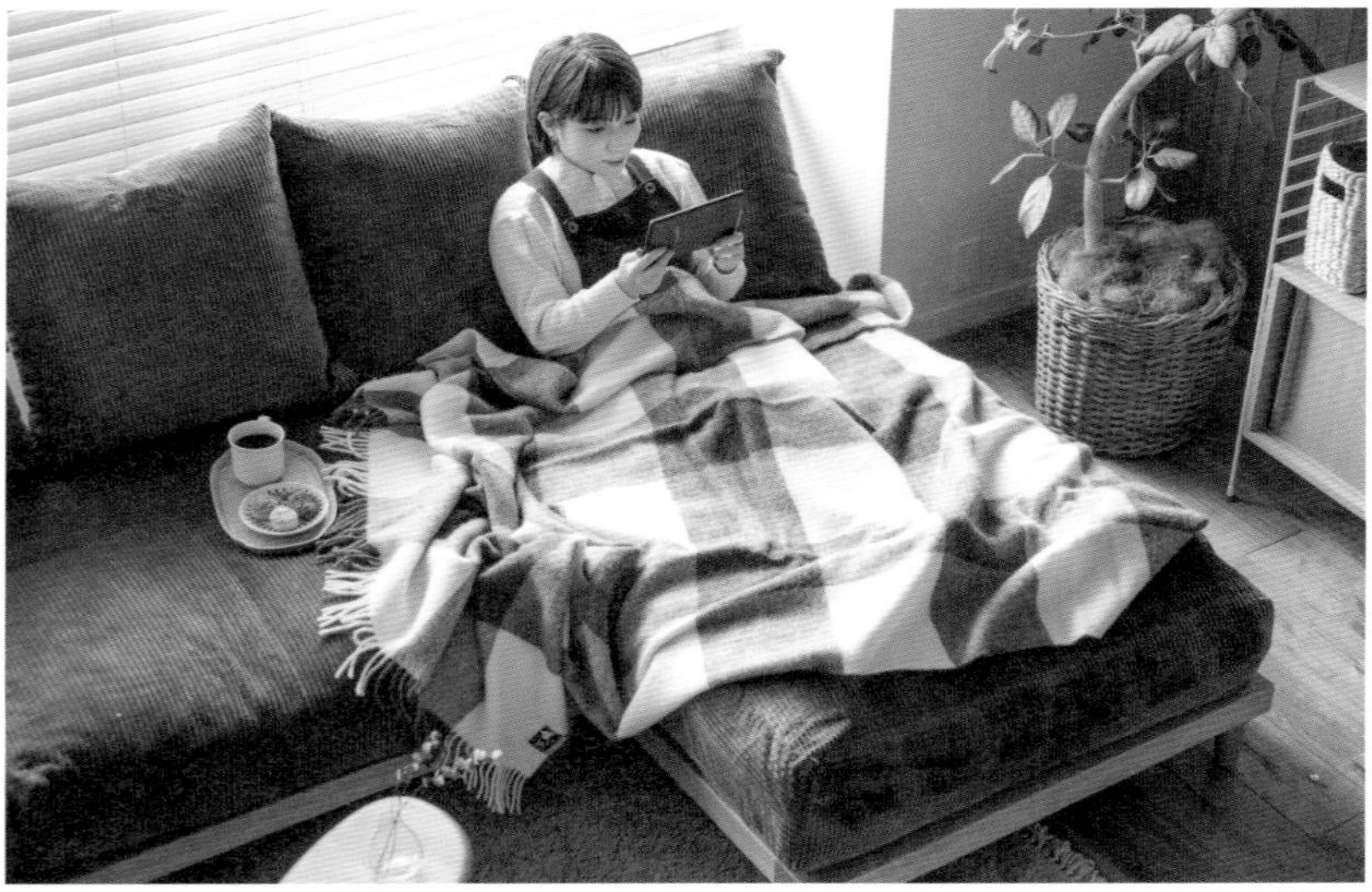

リビングでは ソファーまわりに 布を

ソファーには、カバーをつけたクッションや、ブランケットなど布のものを。

ベッドには ブランケットを

ワンルームの場合は、ベッドにブランケットをかけると、お部屋全体に落ち着きが生まれます。

民族的な織り模様

キリムやトライバル、モロッカン刺繍、シンプルな格子柄のベルベル民族のベニワレンなど、民族的な織り模様のアイテムは、お部屋のスパイス的な存在。存在感が強くなりすぎないよう、色味は抑えるのがポイント。

トラッドな織り模様

アイルランドのアラン編みに代表される、トラディショナルな編み模様は、クラシカルな雰囲気でお部屋に上質さをプラスします。立体感のあるアラン編みの模様には「ダイヤモンド」や「ハニカム」など、ひとつひとつに意味があるのだとか。

ナチュラルな織り模様

ざっくりとした織り感や編み模様は、アクセントとなりながらもクセがないため、さまざまなテイストのインテリアにマッチ。ベッドやソファー周りなど場所を選ばずなじみやすいので重宝します。

アクセントアイテム④

自然素材でお部屋に複雑性を加える

動画で解説！

植物の力で暮らしの空間に立体感と複雑性、生命感をプラス

お気に入りの家具や生活道具を配したおしゃれなお部屋でも、「もの」で満たしただけでは、どこか寂しく無機質。そのなかに植物やお花などの自然素材を取り込むと、生命感と自然物ならではの複雑性がもたらされ、温かみのある、生き生きとした空間になります。自然素材は、お部屋のインテリアのクオリティを一気に上げる、名脇役なのです。

ある程度余裕のあるサイズのお部屋の場合には、大きな植物を取り入れることで、雰囲気はぐんとアップします。小さな空間でも、収納家具の上や、テーブル上に、小ぶりの植物やドライフラワーを取り入れるだけで、お部屋の印象は変わります。

その理由は2つ。ひとつは、植物があることで「立体感」が生まれるから。植物を配置するテーブル上や収納棚は、基本的には平面です。そこに植物を置くことで立体感が生まれ、視覚的な美しさを感じられるようになるのです。もうひとつは「複雑性」。植物は自然による造形物です。住宅や家具など、人の手で生み出された造形物のなかに、自然の造形物の複雑性がプラスされることで、インテリアに奥深さが生まれます。

BRUTUS

植物の力を借りる

質感と形にこだわって選んだ植物で生き生きとした空間に

　お部屋にお気に入りの家具を置いても、植物がまったくないと、寒々しい印象になります。植物の生き生きとした姿は、空間に生命感をもたらし、緑の葉色は心理的な安らぎを与えてくれます。植物は、ナチュラルヴィンテージ・スタイルのインテリアに自然の彩りを与えるという、重要な役割を担っているのです。
　お部屋に植物を取り入れる方法は大きく分けると、床置き、棚置き、吊り下げの3つに分けられます。大きめの樹木の鉢植えなら、床に置いてリビングの窓際に。小さめの観葉植物であれば、ダイニングテーブルや腰高の収納棚の空きスペースに。キッチンの窓際には、料理にも使えるハーブの鉢植えを置くと便利ですね。空いたスペースにシンプルに植物を飾るだけで、簡単にお部屋のアクセントにすることができます。

棚に置く

棚に置く場合は、小さいサイズの鉢や、大ぶりな枝物など、場所に合わせて。大きな植物ならひと鉢で画になります。小さな植物なら、複数の鉢を連続で置くのも良いですね。同サイズ、同じ植物、同じ鉢でなくてもOK。植物の種類や高さが違う方が、表情が生まれます。鉢は色味やトーンを合わせれば、サイズが異なっても統一感が出せます。

吊り下げる

吊り下げる鉢には、アイビーやポトスなど、つる性の観葉植物がぴったり。高い位置から吊り下げることになるため、人の目線に入りやすく、長く伸びた枝や茎が動きを感じさせます。人気のビカクシダは、葉がさまざまな方向を向き、大きさも不規則。立体感と複雑性を持ち合わせているので、おすすめです。

床に置く

床置きの植物は、存在感のあるサイズの大きなものを取り入れるのが基本。枝がまっすぐ上に伸びているものより、湾曲しているような、動きのあるものがおすすめです。初心者にも育てやすいおすすめの植物はフィカス・アルテシマやオリーブ、シェフレラなど。

動画で解説！

春夏秋冬、四季の枝もの

春

青々としたアセビの枝をガラスの花器に活けて。

秋

実ものを取り入れると季節感がアップ。

夏

初夏に出回るドウダンツツジ。

冬

存在感のある綿花（コットンフラワー）。

枝物を取り入れる

存在感のある枝物で
生活空間に「旬」を演出する

植物を育てるのは自信がない、という人は、枝物を取り入れてみましょう。枝物はフラワーアレンジメントや生け花に使われるため、生花店で手軽に手に入ります。お部屋に立体感と複雑性が生まれるのはもちろん、熱帯性の観葉植物とは異なる、枝葉の繊細さや季節の移ろいを感じることができます。

また枝物は、生花よりも長持ちするものが多いのが特徴。大ぶりなものであれば、大きめのフラワーベースにたっぷりの水で生けて床置きにしましょう。花瓶に入れられるサイズであれば、ダイニングテーブルの上に置いたり、チェストやサイドテーブルの上に飾ったりしても素敵です。枝物だけでちょっと飽きを感じたら、季節の生花を加えて飾るのもおすすめです。

生花を取り入れる

季節のお花を飾って
フレッシュな気を満たす

植物は、立体感と複雑性の2つを手軽にインテリアに取り込めるアイテムですが、なかでも生花は、とても入手しやすく、すぐに取り込むことができます。花を1輪テーブルに飾るだけで、お部屋の中は一気に華やかになり、季節感を演出できます。

お花を飾るために必要なのが、フラワーベースですが、大きさやデザイン、素材など、種類はさまざま。初めてお花を飾るなら高さ15cm程度のシンプルなものを選ぶのがおすすめです。このサイズであれば、テーブル、デスク、シェルフなど、飾る場所を選びません。デザインがシンプルであれば、お花の種類も選ばず、好きなものを飾れます。陶器や、ガラスなど、季節のお花に合わせて花瓶を選ぶのも楽しみのひとつです。

秋

白くボリュームのある秋のバラに
赤や紫の差し色で秋らしく。

春

カーネーションに、針山のような
ピンクッションを合わせて。

動画で解説！

冬

フリルのようなストックの花に
てまり草を合わせて。

夏

量感のある紫陽花とレースフラワーで
さわかやに。

ドライフラワーを取り入れる

ナチュラルなドライフラワーでシック&シャビーに彩る

シャビーな雰囲気を醸し出すドライフラワーは、アンティークアイテムやナチュラルなインテリアとの相性が抜群。スワッグにして壁に飾るだけで、インテリアの大きなアクセントになります。飾り方はオーソドックスにフラワーベースに挿したり、木製や革製の入れ物を使ったり、額の中に貼り付けて立体的な絵画のように見せたり。ペンダントライトのコードやチェーンに絡めたり、実や種、茎を短くカットした花などを、蓋つきのガラス容器に詰め込んだりするのも素敵です。水が必要ないドライフラワーならではの、自由な飾り方を楽しみましょう。

動画で解説！

お気に入りのお花で手作りのドライフラワー

ドライフラワーは専門店のほか生花店、雑貨店などで販売されていることもありますが、簡単に手作りできますので、チャレンジしてみましょう。

材料のお花は生花店の生花でOK。水分が少なくお花や茎が小さめのものを選ぶと、乾燥が早くきれいに仕上がります。また黄色や紫の花ものは、乾燥させても花色が褪せにくいのでおすすめ。お花を購入する際に、お店の人にドライ向きのものを教えてもらうと良いですね。

せっかくの生花ですから、しばらく花瓶に挿して楽しみたいところですが、新鮮な状態で乾かせば、それだけ仕上がりも美しいので、なるべく早く乾燥させましょう。

ドライフラワーを作るには、吊るして乾燥させる方法がもっとも簡単で失敗知らず。枝や茎を吊るしやすい長さにカットし、麻紐やワイヤーでまとめます。あとは花同士の間隔を空け、風通しの良い日陰に吊るして待つだけ。約2週間乾燥させたら完成です。

◎ドライフラワー向きの花…… バラ、スターチス、ミモザ、ニゲラ、アーティチョーク、スモークツリー、アジサイ、ラベンダー、エリンジウム、バンクシア、プロテアなど。

◎ドライ向きの葉もの・枝物… ユーカリ、ダスティーミラー、グレビリア、コニファーなどの針葉樹、ローズマリーなど。

アクセントアイテム⑤

手仕事のあとが感じられるものでぬくもりをプラス

動画で解説！

工業製品にはない素材感と手仕事の温かみを楽しむ

陶器の食器やポット、1枚1枚描かれた絵画や版画、丁寧に編み込まれたラタンのかご、ラスティックな雰囲気の鉄製品など、アーティストや職人による作品や生活用品には、手仕事ならではのぬくもりがあります。

手仕事で作られたものは、たとえデザインがシンプルであっても、ひとつひとつの質感や表情が微妙に異なります。機械で作られた工業製品には決して出せない、味わい深さをお部屋にもたらすため、インテリアのアクセントアイテムになります。

ナチュラルヴィンテージ・スタイルのインテリアには、経年変化して味わいが深まったアンティーク品はぴったりのアイテムと言えます。しかしアンティーク品は高価なものも多く、実際の生活用品として使うには躊躇してしまう場合も。現代のものであっても、陶器であれば使い込むうちに貫入が入ったり、色が染み込んで濃くなったりします。また手編みのかごであれば、徐々に色が濃くなり、風合いが増します。手作業の温かみのあるものを、自分の手でさらに育てて、味わい深く変化させる。そんな経年変化を楽しむのも素敵ですね。

温かみのあるアイテムを暮らしのシーンになじませる

手仕事のあとを感じられるアクセントアイテムにはどんなものがあるか、ご紹介しましょう。まず、取り入れやすいのはアートやポスターです。人の手の動きがダイレクトに感じられるので、1点で存在感バツグンです。白い壁にはお気に入りのドローイングやポスターを飾りましょう。ラスティックな鉄製の花瓶には、ドライフラワーを。整然としたお部屋に、ヴィンテージ感や温かみをプラス。ナチュラルなラタンのかごは床置きにして雑貨入れに。ダイニングテーブルやリビングのソファーでティータイムを楽しむときは、使い込んだ陶器のポットとカップをセッティング。いずれも落ち着いたトーンで素材感や風合いがあり、ナチュラルヴィンテージ・スタイルのインテリアにしっくりとなじむはずです。作家の手によるものを暮らしに取り入れてみましょう。

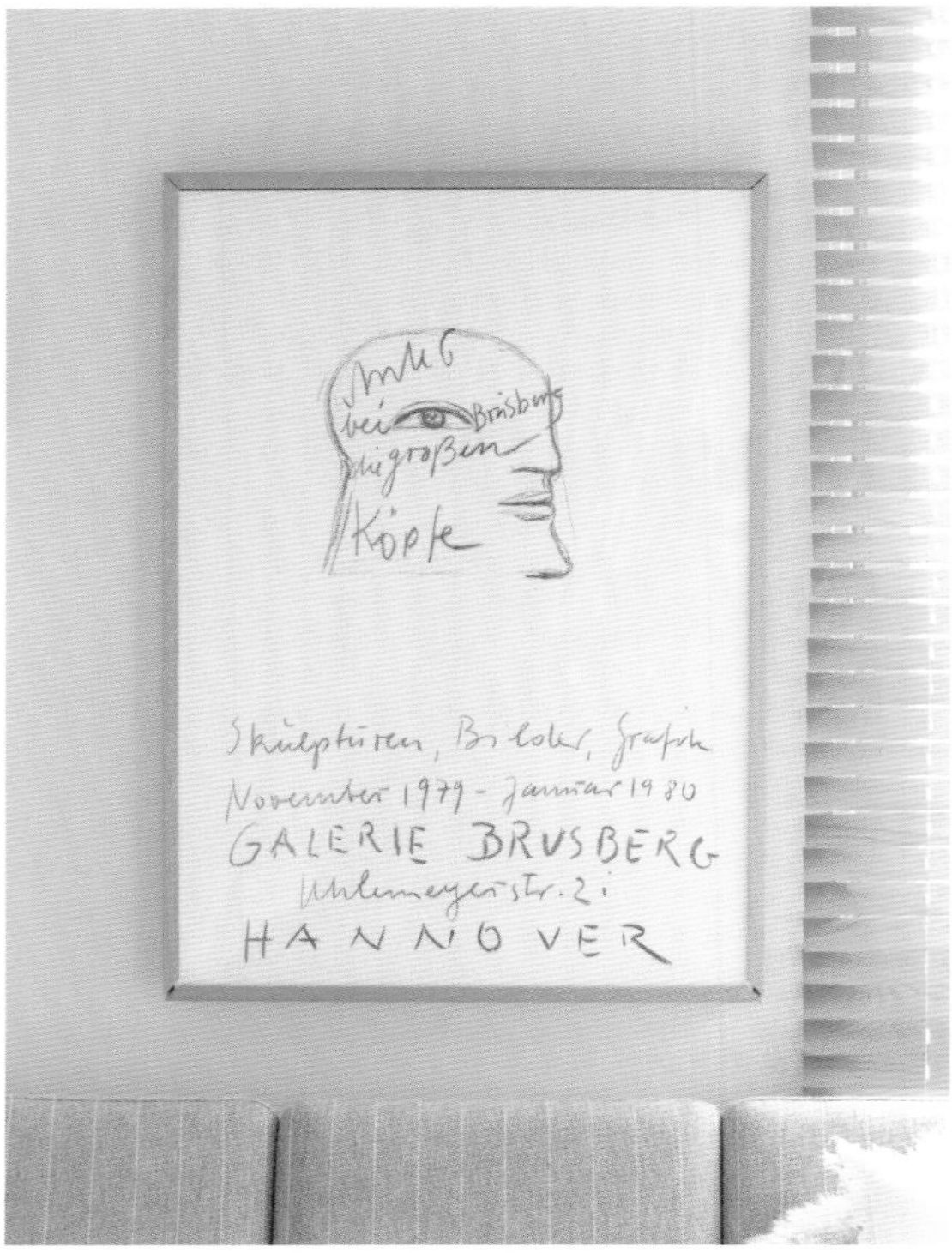

ドローイング・アートポスター

人の手の動きを感じさせるドローインク作品や、
アートポスターはお部屋作りに欠かせません。

木工品

木材を人の手で加工したアイテムもぬくもりを感じさせてくれます。
彫りの跡が残る木のトレーを食卓に並べたり、木製オブジェを飾ったり。

陶器

土をこねて作られた陶器。プロダクトにはない味わいを楽しんで。
表面にほどこされた釉薬と炎による風合いを味わいましょう。

つる植物を編んだアイテム

手で編まれたかごも取り入れやすいアイテムです。
作られた国や地域による素材や編み方の違いも楽しんで。

飾り方のコツ①

お部屋にフォーカルポイントを作る

動画で解説！

目線を集めるポイントを意識して空間全体の印象をアップさせる

「フォーカルポイント」とは、「焦点（focal）」となる場所（point）」という意味。お部屋のなかでよく目に入る場所のことで、インテリアにおいては、お部屋の印象を決定づける重要な場所。シンプルなお部屋でも、フォーカルポイントがどこになるのかを見極め、そこに見どころを作れば、お部屋の印象がぐっと良くなります。

例えば玄関に入って正面に壁があり、棚を置いている場合。玄関から入ってきた人が初めに目にする場所は、その壁と棚です。つまりそこが玄関スペースにおけるフォーカルポイントです。しかし、重要な場所であるはずの壁面が殺風景だったり、棚の上が乱れていたり、物足りないディスプレイだったりすると、この後に続くほかのお部屋がどんなに片付いていて素敵であっても、素敵な印象を感じにくくなります。

よく目に入りやすい場所はインテリアにおいて重要な場所なので、とくに力を入れてコーディネートすることが大切。目に入りやすい場所であるがゆえに、その印象が空間全体に与える効果や影響は、とても大きいのです。

MURMURATIONS
B. GARMI

お部屋で「よく目に入る場所」が大切

フォーカルポイントを見つけて重点的にコーディネート

フォーカルポイントの見つけ方は、どのお部屋においても同じです。まずはリビングやダイニングなど、お部屋の中を見渡して、「よく目に入りやすい場所」を探してみましょう。例えばLDKに入ったときに、一番に目に入るのがリビングであれば、そこがフォーカルポイント。その空間の中でもっとも重要な場所ですので、お気に入りのソファーを置いたり、その背面にアートを飾ったりして、重点的にコーディネートしましょう。フォーカルポイントをコーディネートすることで、お部屋全体のクオリティをぐんとアップさせることができます。

そっけない

散らかっている

せっかくのフォーカルポイントが殺風景だったり、散らかっていたりすると、
その家の印象は台無しになってしまいます。

白い壁が目立っていたポイントにアート作品をディスプレイ。植物との相性も良く、美しいフォーカルポイントに。

ダイニングの壁に

壁には額がひとつだけかけられ、ややバランスが悪く白壁が目立っていましたが、フラワーベースをプラスすることで、華やかさが加わりました。全体的なバランスも改善され、インテリア性がさらにアップしています。

定番はソファーの上

ソファーの背に面する壁は、ソファーに座ろうとするたびに目に入る場所。アートポスターなどを飾れば、わかりやすいフォーカルポイントになります。

ペンダントライトも効果的

ダイニングにペンダントライトを下げることによって、空間が引き締まり、がらんとした印象が薄れます。

座ったとき目の高さにある棚の上

座っている時に目に入る棚の上は、ものを等間隔に置いて、リズムをつけました。ディスプレイによって寂しげな印象を払拭。

目線の高さとバランスを意識したディスプレイ

お部屋の中でのフォーカルポイントを探したくても、「よく目に入る場所が見つからない」ことや「目に入るのは窓や壁だ」ということもあります。その場合は生活する中での目線の高さに注目しましょう。ソファーやダイニングテーブルなどの家具は、基本的には人の目線より低い位置にあり、それらがフォーカルポイントとなるわけではありません。生活するなかでは、もう少し高い位置、つまり目線の高さにあるものが、インテリアの印象を左右するポイントアイテムとなるのです。例えばペンダントライトや壁掛けのアート、棚の上のディスプレイなど。目線の高さにあるものが必然的にフォーカルポイントになり、そこを整えることによって、お部屋の印象は格段に良くなります。

飾り方のコツ②

ディスプレイは「垂直」「立体」「平面」の3点セット

動画で解説！

高低差で見せる 王道ディスプレイテクニック

テーブル上や収納棚などのスペースが美しくディスプレイされていると、その空間全体が上質で洗練された雰囲気になります。しかし飾り方を考えず、なんとなく好きなものを並べるだけでは、雑然とした印象になってしまいがちです。

ディスプレイをする際には、大切な基本ルールがあります。それは背の高いもの、中くらいのもの、低いものという高さの異なる3つの要素を組み合わせて配置し、「垂直」と「立体」と「平面」で「三角構図」を作ること。3つの要素を組み合わせて、三角形を描くように配置することでバランスが整い、一体感のある美しい構図ができあがります。三角構図はインテリアディスプレイの王道テクニックのひとつです。これを身につけておけば、誰でも簡単に素敵なディスプレイを作れるようになります。

また、収納棚の上に小物をディスプレイしたいときは、「グルーピング」のテクニックが役立ちます。この場合も背の高いもの、中くらいのもの、低いものをトレイに入れ、三角形を描くように配置すると、立体感が出てきれいなディスプレイに仕上がります。

MURMURATIONS
SORT SOL

Aesop.
ALLUMETTES

3点で三角構図を作る

立体アイテム

- フラワーベース
- テーブルライト
- オブジェ、置物、花器など

垂直アイテム

- ポスター
- フレーム
- 立てかけた本など

平面アイテム

- トレイ
- 平置きした本
- クロスなど

3つの要素によって生まれるディスプレイの立体感と安定感

美しいディスプレイの基本である「三角構図」の要素は「垂直」、「立体」、「平面」の3つ。それぞれの要素はどんなものでどのように組み合わせれば良いのでしょうか。

高さのある垂直のアイテムは、三角構図の背景の役割。アートやポスターがその役を担います。これだけでは寂しいため、中位の高さの立体アイテムを加えて華やかさをプラス。さらに背の低い平面のアイテムを加えると、高さの異なる3つのアイテムによって自然と三角構図が完成。立体感が生まれ美しいディスプレイとなります。飾る際、3つの要素が少しずつ重なるよう前後に少しずらすと、より立体感が演出できます。

グルーピングで雑貨をまとめる

動画で解説！

グルーピングテクニックで生活雑貨を美しくディスプレイ

ステーショナリー用品やメイク道具などの生活雑貨、ディスプレイ用に手に入れた小さなアイテム類などは、どこに置いていますか？ 棚の上にまとめて置いておくだけでは雑然とした印象になりやすく、素敵なアイテムを持っていても、その良さを活かしきれません。そんなときに重宝するのが、「グルーピング」です。グルーピングは、小さなアイテムをまとめ、美しく見せるためのテクニック。土台となるステージを作り、雑貨を集めて入れると、一気にまとまった印象に変わります。

木製のトレイに、普段使いの小物やスキンケアアイテムなどをテーマごとにまとめると、すっきりとした印象に。真鍮のトレイを玄関に置いておけば、鍵やアクセサリーの置き場としても便利。デスク上でペンやツールをまとめて置くのも良いですね。普段使いの雑貨の置き場が決まると、ものが行方不明になったり、散らかったりすることが少なくなる上に、美しいディスプレイにもなる、一石二鳥のテクニックです。

ステージによるグルーピングをせずに小物を並べると、全体的にバラバラとした印象に。ひとつひとつの小物の魅力も引き出せません。

トレイをステージにしたグルーピングテクニック。トレイの中でも三角構図を意識し、高低差をつけて配置すると、まとまり感と立体感ができ、美しいディスプレイに。

平たく厚みのある木のオブジェをトレイ代わりにした、ステージグルーピング。

こちらも木のトレイをステージに見立てたグルーピングディスプレイ。雑貨の個性を引き出して。

飾り方のコツ③

レピテーション「繰り返し」を活用する

動画で解説！

繰り返しのテクニックでお部屋に統一感を演出

「レピテーション」とは「繰り返し」という意味。インテリアのテクニックとしては、お部屋の中に同じ要素のものを繰り返し使い、まとまった印象を作ることです。

ちょっと難しそうですが、方法は至ってシンプル。「同じ色」や「同じ形」「同じ質感」「同じ素材」といった特定の要素を意識的にお部屋の随所に繰り返し取り入れるという、簡単なテクニックです。例えば観葉植物をお部屋の中にいくつか置くことは、植物という同じ素材、葉がもつ緑色を繰り返すレピテーションのテクニックです。

レピテーションは、ディスプレイにおいても役立ちます。テーブルや収納棚の上などを飾る際に、色や素材、形、質感などを揃えたものを取り入れることで、統一感のあるディスプレイに仕上がります。

このテクニックを知っておけば、もの選びのための「法則性」を意識することができます。取り入れるインテリア・アイテムの候補が絞られ、アイテムが選びやすくなります。結果的に買い物の失敗を減らすことができ、統一感のあるお部屋を作ることにもつながるのです。

Piet Mondrian

12B

繰り返すことでまとまりが出る

共通性を持たせた家具やアイテムでお部屋をすっきりと見せる

色や形、質感、素材などを揃えて繰り返して使うことで、まとまりを演出するレピテーション。このテクニックを使えば、お部屋にたくさんのインテリアアイテムを詰め込んだとしても、ごちゃごちゃとした印象にはなりません。

例えばブランケットやクッション、ラグマットなどのファブリックの色を統一する、サイドボードやテーブル、フロアライトなどの家具は木製品にして色も揃えるなどの方法です。また、観葉植物の鉢カバーや雑貨を収納するかごを、自然素材のラタンにして繰り返すというのもおすすめです。

同じ素材

ラタン素材のかごをベッドまわりの収納として繰り返し使うことで統一感が生まれます。

同じ色

クッションや、ブランケット、ラグマットのベージュ、家具の明るいブラウンなど、同じ色を繰り返して使用しています。

同じ形

同じフラワーベースに、同じドライフラワーを３つ連続して。ひとつだと寂しい小ぶりなディスプレイも、繰り返すことで華やかに。

同じ質感

同じ質感でありながら、形やサイズの異なるフラワーベースを繰り返し置くことで、統一感がありながらも、リズミカルな印象に。

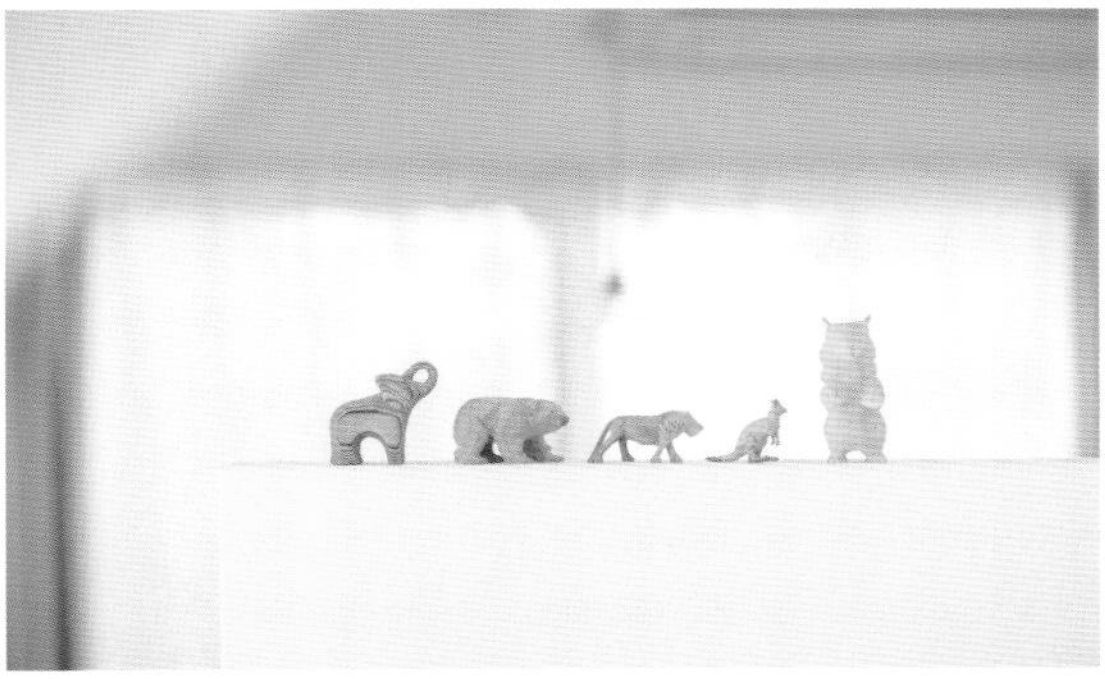

ベーシックな均等配置

小さな動物の置物を均等配置で並べたディスプレイ。とてもシンプルですが、ここではグルーピングとレピテーション、均等配置のテクニックが使われています。

三角形のひとつを均等配置

このディスプレイでは、本と花器、小さなオブジェで構成される大きな三角構図と、高さの異なる2つの花器で構成される小さな三角構図が混在。左の花器の小さな三角部分に、均等配置を取り入れてみましょう。

大きな三角構図の要素のひとつである花器を、お揃いの3つの花器に変えて、等間隔に並べました。三角構図と均等配置が組み合わせられたことで複雑性がアップし、より魅力的なディスプレイになりました。

動画で解説！

均等配置を取り入れる

三角構図＋均等配置のテクニックで洗練度はさらにアップ！

「三角構図（P134参照）」とともに、ディスプレイの王道テクニックと言えるのが「均等配置」です。均等配置は、レピテーションのテクニックを使ったディスプレイ方法。具体的には同じ形のガラスの花器やキャニスター、器など3つ以上の同じアイテムを、均等に横並びにして飾ります。並べるものがまったく同じでなくても、色や素材、大きさが近ければ、違和感は生じず、統一感のある整ったディスプレイになります。花器であれば、挿す植物の種類もそろえて飾るとより素敵ですね。

動画で解説！

動画で解説！

column

木製家具の仕上げ塗装を知る

経年変化するオイル仕上げ
メンテナンスのいらない
ウレタン・ラッカー加工

木製家具の材質の違いについては本書100ページで解説しましたが、もう少し詳しく木製家具の仕上げ塗装について知っておきましょう。

家具の材質に種類があるように、家具の表面に施されている加工にも種類があります。代表的なのが、オイル仕上げ（オイルフィニッシュ）、ウレタン塗装、ラッカー塗装です。

オイル仕上げは、木に植物性のオイルを塗布して仕上げる方法です。木の表面に膜を作らないため、木の風合や特性が損なわれることがありません。経年変化が楽しめるのも利点です。汚れから家具を保護する力はウレタン塗装などに比べて弱いため、定期的なメンテナンスが欠かせません。一方、ウレタン塗装やラッカー塗装は、樹脂や溶剤を使って木の表面に膜を作る方法です。保護する力が強い半面、木の風合いは弱まります。

このように、仕上げ塗装が異なれば、扱い方や雰囲気も変わります。自分のライフスタイルや趣味趣向にあった家具を選べるように、違いを知っておきましょう。

オイル仕上げ

アマニ油やオレンジオイルなど植物性のオイルを塗り込んで仕上げる方法です。塗布することで美しい木目が際だちます。木の表面に膜を作らないので、木は呼吸をし続けることができます。空気が乾燥しているときは水分を吐き出し、湿度が高いときには水分を吸い込みます。
美しく、経年変化も味わえるという利点がある一方、汚れには弱く、テーブルの天板などは水分による輪染みができやすいケースも。衝撃による傷もつきやすい面があります。半年に一度ほどの頻度でオイルを塗り込んでケアをする必要があるので、経年変化を楽しみたい、こだわり派の人向きと言えるでしょう。

Point
- 木の風合いをそのまま楽しめる
- 経年変化が楽しめる
- 汚れや水分にはあまり強くない
- メンテナンスが必要

ウレタン塗装

ウレタン樹脂を使って家具の表面に膜を作る加工方法です。水分や汚れから木材をしっかりと守ってくれます。テーブルの天板など汚れやすいところでもサッと拭けばきれいになるのも利点です。子育て世代など、汚したりぶつけたりが多いご家庭でも選びやすい塗装仕上げと言えます。

一方、木の表面を膜でしっかり覆うため、木の手触りは感じにくいです。つやつやとした質感が特徴ですが、近年は光沢があまり強くない比較的マットな風合のものも出てきています。経年変化がないため、新品の見た目を長く保てます。ウレタン樹脂が剥げてきたら基本的には買い替えとなります。

Point
- 汚れや水に強い
- 光沢があることが多い
- 経年変化はしない

ラッカー塗装

ラッカー溶剤を揮発させることで、木の表面に膜を作る方法です。保護する力はウレタン塗装とオイル仕上げの中間くらいのイメージです。水や汚れが付きやすいところにはあまり向きませんが、収納棚などに最適です。

アンティーク和家具などで使われていることが多い塗装方法です。いったん剥離させて、再度塗り直すことで古い家具のリペアにも使われています。

Point
- 汚れに強い（ウレタン塗装よりは弱い）
- 光沢はあまりなく、マットな質感
- 経年変化はあまりしない

オイル仕上げ家具のメンテナンス

オイル仕上げの家具に塗られた油は、時間とともに抜けていき、家具からはつやが失われていきます。半年に一度ほど定期的にオイルを塗り直すことで、美しい状態を保ちましょう。乾燥による割れも防ぐことができます。方法は簡単で、ウエスで乾拭きしたあとにオイルを塗り込み、もう一度乾拭きしてから半日ほど風通しの良い場所で乾かすだけ。実際にオイル仕上げの家具を使用している人の中では、慣れてしまえば、あまり手間ではないという声もよく聞きます。

PART

05

インテリアの実践アイデア

最後の章は、アイデアパートです。

ここまで解説してきたセオリーを実践している

さまざまなお部屋をご紹介します。

一人暮らし部屋、家族で暮らすお部屋。

北欧系のさわやかなお部屋、アンティーク色の強いお部屋。

あなたらしいお部屋作りの参考にしてみてください。

001 壁は白 床はウッドカラーでOK

1

3

2

4

[1] ホワイトのフローリング床×ホワイト壁のお部屋。ベースが白で統一されており、アンティークの家具や小物が引き立つ [2] ナチュラルカラーの床×ホワイト壁のダイニングルーム。大きな窓に天然素材のカーテンにすることで、壁となじんで広がりが感じられる [3] 白壁×濃いブラウンの建具に、深い色合いの家具でヴィンテージなお部屋に [4] 大判のラグマットを敷いて、床の印象を減らしたインテリア に

1

2

002 面積の大きいインテリアはトーンを揃える

1 ライトグレーのラグマットと、ブラインドのトーンを揃えることで、空間の統一感を演出。小さなワンルームを、広く感じさせる効果も　2 こちらもカーテンとラグマット、それにソファーやクッションの色を揃えることで、統一感のあるお部屋に　3 小さなワンルームで圧迫感を感じやすいベッドも、カーテンやラグとトーンを揃えることで、存在感を軽減できる

3

003

ラグマットを敷いて空間にメリハリを

1

2

4

3

5

1 ダイニングにラグマットを敷くことで、食事のスペースがゾーニングされ、メリハリを感じる空間に　2 複雑な民族模様のラグマットも、色味を抑えたものを選べばほど良いお部屋のアクセントに　3 ベニワレン柄のラグマットは、空間のアクセントに　4 自然素材のラグマットで、ダイニングに味わいをプラス　5 ソファーの幅よりも大きなラグマットを。モノトーンの幾何学模様も楽しい

004 カーテンはジャストサイズの天然素材を

1

2

3

1 大きな掃き出し窓に、天然素材のカーテンを取り入れることで、植物を通した木漏れ日もより美しく　2 窓にジャストフィットしたカーテンで、きれいに整った印象を。家具を美しく映えさせる舞台背景としても有用　3 窓に合わせたカーテンを使うことで、見た目の美しさとともに、光や冷気の調整もできる

005 光量を調節して休まる空間に

1 2 寝室にぜひとも置きたいのが、ベッドサイドのライト。シェード部分に素材感のあるものを選ぶことで、やわらかな光が生まれ、リラックス空間へとつながる 3 アロマキャンドルのゆらぐ炎や、ディフューザーからの香りも心と身体のやすらぎにつながる

1

2

3

006

多灯照明で奥行きのある空間に

[1] ペンダントライト×フロアライト×テーブルライトを合わせて。ひとつずつの光量は明るくしすぎず、柔らかな光を組み合わせることで、ゆっくりと過ごせるダイニングシーンに　[2] 寝室も多灯照明に。入眠前に気持ちを落ち着かせるため、優しい光の組み合わせを。スマート電球を導入すれば、寝る前にスマホですべての灯りを消すこともできる

1

2

007 必要な明るさは1畳あたり15~20W

1 リビングが明るすぎると、安らぎを感じにくいため、ゆったりと過ごせる光量を計算して、複数の照明を設置　2 小さなワンルームでも、多灯照明で安らげるお部屋に　3 あたたかみのあるオレンジ色の光がやさしくお部屋を照らす。天井には透明なガラス製の照明を使うことで、電球色の効果をより感じることができる空間に

008 光の色味は電球色で揃える

009 リビングにはシーリング　ダイニングにはペンダントを

1

2

1 リビングルームの天井照明は、頭をぶつけないように、天井近くでコンパクトにおさまるシーリングライトを。照明がお部屋を圧迫すること無く、広く感じる効果も 2 ダイニングテーブルの真上にくるようペンダントライトを設置。印象的なフォルムの照明は、お部屋のフォーカルポイントとしても機能

1 ヴィンテージのダイニングテーブルと、年季の入ったＹチェア。経年変化によって、こっくりと深みのあるトーンで揃っている　2 暗めのグレイッシュトーンで家具を揃えたLDK。ダークブラウンのテーブルや鏡と、深いカーキ色のソファーを、深みのあるアースカラーで揃えることで、ヴィンテージ感を感じさせるお部屋に

1

2

010 トーンの合った家具を揃える

2

1

4

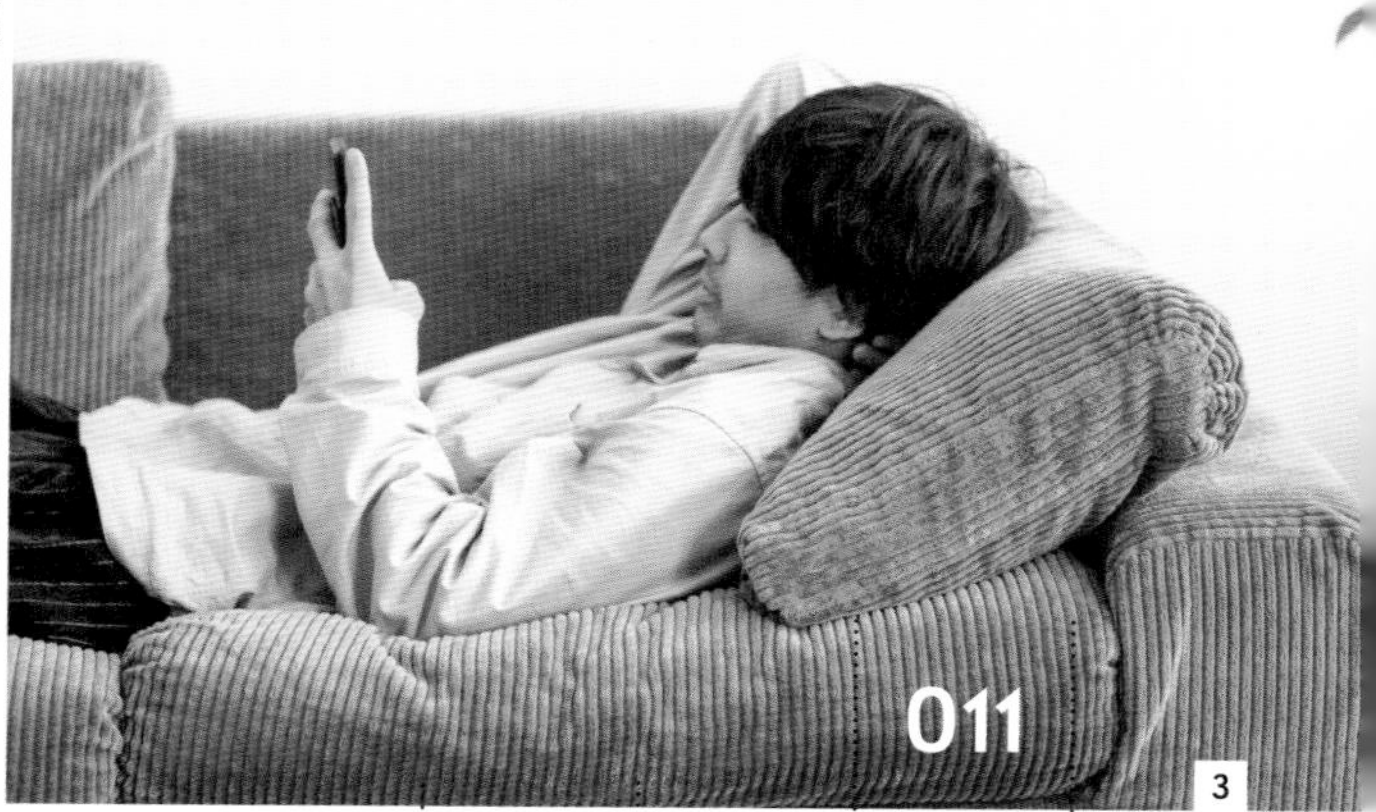

3

011

ソファーはシンプルなものに小物でアクセントを加える

1 2 4 シンプルな無地のソファーに、クッションでアクセントをプラス。複数のクッションは同じもので揃えるのではなく、織りの模様が目立つカバーと、柄の無いカバー、小さなものと大きなものなどを組み合わせると、動きが出て、こなれ感が生まれる　3 クッションは見た目だけでなく、居心地の良さにも直結するアイテム

012 こなれたチェア選びは「ミックススタイル」

1 ヴィンテージチェアを複数取り入れたミックススタイル。形が異なるチェアを選んでいても、樹種や色味を合わせて統一感を演出　2 3 4 2人用のダイニングでも、用途によって使い分けられるように、チェアを別のものに。色や素材を揃えることで、統一感はしっかりと維持できる

1

2

3

013 最適なテーブルサイズを知る

1 子ども2人の4人家族のダイニングテーブル。将来のことを考えて、幅が広めのものを取り入れることで、いつまでも家族の会話をしっかりとできる場所を確保したいという思いが感じられる 2 3 2人用のダイニングながら、食事も仕事も同じテーブルでするために、少し大きめのテーブルを入れたお部屋。ひとつのテーブルでさまざまな用途に使えて便利

1

2

014 テーブルとチェアーの差尺は26〜30cmに

3

1 3 差尺を26cmにした低めのダイニングテーブルをチョイス。食事後の会話も弾む 2 差尺30c mで配したラウンドテーブルと、ラタンチェア。ワンルームではカフェタイムやメイク、食事などもひとつのテーブルでまかなうため、使い勝手の良い差尺をチョイス

015 収納は見せる「2」隠す「8」で

4

1

5

2

6

3

1 2 3 扉のついた隠す収納は、見せたくないものを中に入れられるため、お部屋がしっかりと片付いた印象に。収納上部には、見せたいものだけをディスプレイすることで、フォーカルポイントに

4 5 6 扉のない見せる収納は、ディスプレイのように配置を意識しながら、飾る意識で。見せたくない雑多なものは、かごの中に入れて死角収納を

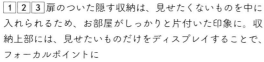

016

ベッドはイメージよりひとつ大きいサイズを

1 大きなベッドで、子供たちがのびのびとお昼寝。シングルサイズのベッドを２つつなげることで、家族みんなでも広々と寝転がれるベッドに。将来的には、ベッドをそれぞれ独立させて、子供たちのベッドとして使うことも視野にいれて

1

017 アクセントアイテムで彩りを加える

1 2 シンプルな棚には、アート作品や、オブジェなどビジュアルの印象が強いアイテムを並べて、お部屋のフォーカルポイントに。木の色味を中心にまとめつつも、ガラスや金属など、異素材を組み合わせて見どころを作っている

018 古びた趣のあるもので深みを与える

1 アンティーク家具で揃えた、リビングの一角。アンティーク家具には、蚤の市などでコツコツと揃えたアンティーク雑貨をディスプレイして。フラワーベースにはドライフラワーを入れて、さらに味わい深い印象に

2

1

3

019 時間とともに変化するものを育てる

1 ラタンのマガジンラックで、ソファー横に複雑性をプラス　2 植物のつるで編まれたかごは、使い込むうちに飴色に変化。大切に育てて、次世代でも使い続けたい　3 大ぶりなかごバスケットはインテリアのアクセントとしての存在感もバツグン

020 織ったもの編んだもので表情を与える

1 そっけなくなりがちなベッドまわりには、ファブリックをプラス。掛け布団カバーの上からファブリックを掛けて味わいをプラスし、枕元には折柄が印象的なクッションを置くことで、さらに味わいが増している

1

021 自然素材で部屋に複雑性を与える

1 下へ垂れ下がるタイプの植物は、吊り下げて飾ると美しさを鑑賞しやすい。明るい窓際にマクラメ編みのハンギングで　2 ちょっとしたスペースには小さな植物を。素材感のある鉢が○　3 5 ドライフラワーは、フラワーベースに挿して楽しむ　4 ダイニングテーブルには季節の花を　6 季節の枝ものを大胆に活けて

6

022 手仕事のあとが感じられるものでぬくもりをプラス

1

3

2

5

4

7

6

1～9 手編みのかご、木をくり抜いて作った器や家具、手で土を捏ねて作られた陶磁器。その土肌を彩る複雑な釉薬の表情。作家や職人の手で生み出された品々は、お部屋に強い個性と、味わいを与えてくれる

9

8

023

お部屋にフォーカルポイントを作る

1 入口入ってすぐの目線の先に、アンティークのスツールを設置。そこにドローイングアート、花瓶、ガラスドームなど、味わいのあるアイテムを配置し、フォーカルポイントに 2 無機質になりがちな書斎に、ドローイングアートを入れて目線を惹きつける 3 ダイニングの壁は、余白で寂しくなりがち。アートを飾ることで、フォーカルポイントになり、ダイニングを美しく感じさせる

1

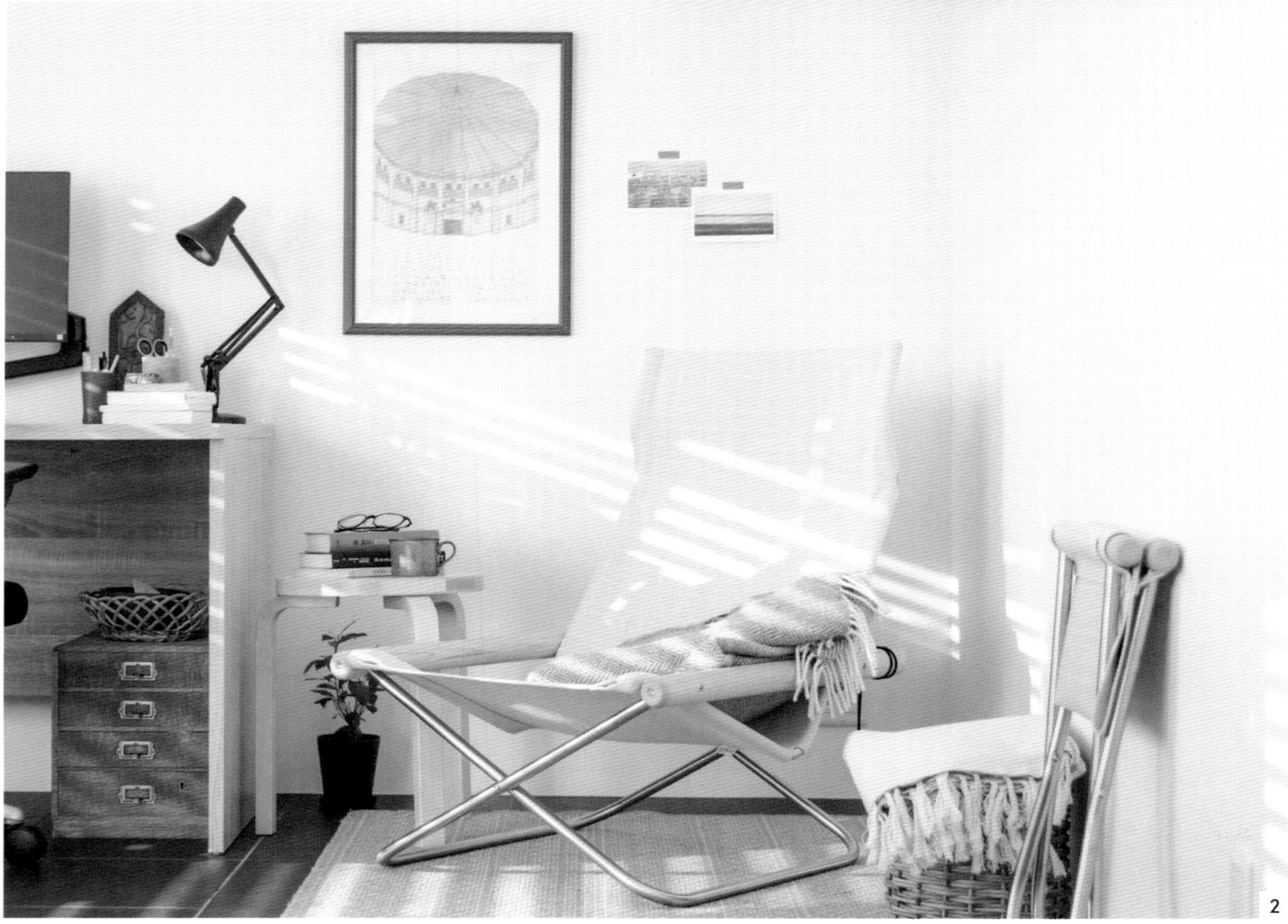

2

3

2

1

024 ディスプレイは「垂直」「立体」「平面」の3点セット

3

4

5

6

7

1～7「垂直、立体、平面の３点をセット」というルールを守るだけで、お部屋のさまざまなシーンで、手軽に美しいディスプレイを実現できる。グルーピング、均等配置などのテクニックも合わせて使うと効果的。苦手意識のある方は、動画もチェックしてみて

1

025 レピテーション〈繰り返し〉を活用する

1 収納家具の最上段にラタンかご、中段にラタンミラー、そして、チェアにもラタン素材と、ラタンをレピテーションで配置。繰り返し登場させることで、統一感を生み出すという上級者テクニック。そのほか、植物、ガラス素材などもレピテーションさせている

TRUCK

著者プロフィール

Re:CENO

著者 **Re:CENO（リセノ）**

京都発の人気インテリアブランド。「インテリアの楽しさを、もっとたくさんの人に。」というブランドコンセプトのもと、2008年よりインテリアのオンラインストアを開設。現在では、自社製品の企画・開発・販売をはじめ、京都、東京、福岡に店舗を持つほか、カフェの運営も。また、自社メディア「Re:CENO Mag」を2014年より運営し、インテリアの基礎知識やエッセイ、動画コンテンツを多数公開している。SNS総フォロワー数30万人を集めるなど、SNSでも人気。

Instagram
@receno.interior

インテリア無料相談
https://www.receno.com/prosupport/

お部屋協力（リセノスタッフ）

大場 祐里子（バイヤー）

岩部 圭子（メディア）

岡 朱美（カメラマン）

清水 真里奈（生産管理）

相馬 直也（人事）

榎本 昌平（福岡店長）

岩田 佳奈（店舗MG）

江上 慈香（メディア）

中原 智史（制作）

辻口 将（カメラマン）

濱田 真也（カメラマン）

山本 由美子（取締役）

Re:CENO オンラインストア

https://www.receno.com/

Re:CENO KYOTO

〒604-8226 京都府京都市中京区西錦小路町249
(京都・阪急烏丸駅 徒歩5分)
075-253-1710
11:00〜20:00(水曜定休)

Re:CENO TOKYO

〒158-0094 東京都世田谷区玉川3丁目9-3
(東急田園都市線 二子玉川駅 徒歩5分)
03-5797-2278
11:00〜20:00(水曜定休)

Re:CENO FUKUOKA

〒810-0042 福岡県福岡市中央区赤坂2丁目3-13
(福岡・地下鉄赤坂駅 徒歩10分)
092-707-3650
11:00〜20:00(水曜定休)

ナチュラルヴィンテージで作る

センスのいらないインテリア

プロが教えるセオリー＆アイデア

2023年 2 月24日　初版第1刷発行
2024年 4 月 5 日　初版第5刷発行

著　　者　Re:CENO（リセノ）
発 行 人　佐々木 幹夫
発 行 所　株式会社 翔泳社（https://www.shoeisha.co.jp）
印刷・製本　日経印刷 株式会社

ISBN978-4-7981-7731-1
Printed in Japan

アートディレクション　藤田康平（Barber）
組版　生田 祐子（ファーインク）
文　平沢 千秋
撮影　中原 智史
辻口 将
岡 朱美
佐藤 稜己
濱田 真也
制作　山本 哲也
岩部 圭子
江上 慈香
岡本 健吾
編集　古賀 あかね